Carl-Auer

Dorothea Winter

KI, KUNST UND KITSCH

Ein philosophischer Aufreger

2024

Reihe »update gesellschaft«
hrsg. von Matthias Eckoldt
Umschlagentwurf: B. Charlotte Ulrich
Redaktion: Alexander Eckerlin
Satz: Melanie Szeifert
Printed in Germany
Druck und Bindung: CPI books GmbH, Leck

MIX
Papier | Fördert gute Waldnutzung
FSC® C083411

klimaneutral
Mehr Bäume.Weniger CO_2

Erste Auflage, 2024
ISBN 978-3-8497-0529-9 (Printausgabe)
ISBN 978-3-8497-8487-4 (ePUB)

Bibliografische Information der Deutschen Nationalbibliothek:
Die Deutsche Nationalbibliothek verzeichnet diese Publikation
in der Deutschen Nationalbibliografie; detaillierte bibliografische
Daten sind im Internet über http://dnb.d-nb.de abrufbar.

Informationen zu unserem gesamten Programm, unseren Autoren
und zum Verlag finden Sie unter: **https://www. carl-auer.de**.
Dort können Sie auch unseren Newsletter abonnieren.

Carl-Auer Verlag GmbH
Vangerowstraße 14 · 69115 Heidelberg
Tel. +49 6221 6438-0 · Fax +49 6221 6438-22
info@carl-auer.de

Inhalt

Das Ausgangsproblem: Schöne neue Kunstwelt?

Kunstunterricht anno 2084. Auf ihrem virtuellen Rundgang erfahren die Schüler:innen der 8b, dass Claude Monet das Bild *Seerosenteich* gemalt hat. Kichernd fragt eine Schülerin, ob Monet die Beta-Version einer Künstlichen Intelligenz (KI) war, da das Bild so schlecht gemalt sei: lauter Punkte, blasse Farben, keine räumlichen 3D-Effekte.

Was heute noch lächerlich utopisch klingt, kann schon in wenigen Jahren Realität sein. Kunst, wie wir sie heute kennen, wird dann bestenfalls noch als Relikt einer analogen Vergangenheit im virtuellen Museum zu sehen sein. In Zukunft wird Kunst in mehrdimensionalen Räumen und im Zusammenspiel aller Sinne zum virtuellen Erlebnis. KI wird uns sehen, hören, riechen und fühlen lassen, was unsere heutigen Erfahrungen bei Weitem übersteigt.

Der KI-generierte Kunstraum als schöne neue Welt? Kann sein. Allerdings ist die Wahrscheinlichkeit größer, dass dieser neue Kunstraum zum Konsumtempel degradiert wird – Kunst nicht länger als Selbstzweck und Ausdruck künstlerischer Individualität, sondern als manipulierendes Vehikel der Konsumsteuerung. Kunst wird sich nicht länger um Monet, sondern (noch mehr) um Moneten drehen.

Unsere Reise zu den potenziellen Verheißungen und Verderbnissen von KI-gemachter Kunst beginnen wir mit der banalen Ausgangsfrage: Was ist KI?

1 KI – Was können wir wissen?

Entgegen der Wortbedeutung ist KI vor allem eines: dumm. Wie gelangen wir zu so einer gewagten Behauptung? Das Schlüsselwort hierbei lautet, philosophisch ausgedrückt, Intentionalität. Doch was soll das sein?

Vom lateinischen Wort *intentio* abgeleitet, meint Intentionalität in seiner ursprünglichen Wortbedeutung »Anspannung« und »Gerichtetsein«. In der KI-Debatte verweist Intentionalität auf die nicht existente Fähigkeit computerbasierter Systeme, aus sich selbst heraus wollen zu können, oder, angelehnt an Karl Valentins »Mögen hätt ich schon wollen, aber dürfen hab ich mich nicht getraut«: Können täte ich schon, aber *wollen* kann ich nicht!

Dieses Wollen-Können bleibt dem Menschen vorbehalten (wobei die Diskussion darüber, ob Tiere nicht ebenfalls einen freien Willen besitzen, hitzig geführt wird; darauf können wir hier nicht weiter eingehen). Nur der Mensch kann ohne einen physikalischen Impuls oder einen neurologischen Reiz aus sich heraus agieren – und eben nicht nur reagieren. Diese Fähigkeit, einen Denk- oder Handlungsimpuls ohne weitere Prämissen aus sich selbst heraus zu setzen, meint Intentionalität. Nur durch Intentionalität können wir uns auf uns selbst und auf die Dinge in unserer Umwelt beziehen. Seien es Gefühle, Gedanken, Glaubenshaltungen oder Wahrnehmungen – sie alle kommen dadurch zustande, dass der Mensch aus sich heraus fühlen, denken, glauben oder wahrnehmen kann.

KI fehlt diese Intentionalität, sie bleibt an ihre Prämissen gebunden. Das Prinzip der Prämissengebundenheit meint in der Philosophie, dass Objekte, die keinen eigenen Willen haben, ausschließlich den Gesetzen der Physik folgen *müssen* – sofern es Gegenstände sind. Das hört sich zunächst sehr theoretisch an. Wie sieht das in der Praxis aus? Nehmen wir zum Beispiel einen Stein. Jedes Mal, wenn wir den Stein hochwerfen, fällt er zu Boden, genauer, in Richtung Erdmittelpunkt. Jetzt könnte man behaupten: »So ein kluger Stein! Er weiß jedes Mal, in welche Richtung er sich bewegen soll, wenn er hochgeworfen wird.« Allerdings lässt sich auch das Gegenteil behaupten: »Der Stein ist ganz schön doof, er kann nichts anderes, als der Gravitation zu folgen. Deshalb stürzt er jedes Mal in Richtung des Erdmittelpunkts.« Diese zweite Sichtweise veranschaulicht das Prinzip der Prämissengebundenheit. Tiere sind darüber hinaus noch reizgebunden. Das heißt, jedes Verhalten eines Tieres ist die Folge eines vorangegangenen Reizes. Ein Tier kann nur dann reagieren, wenn es »gereizt« wird. Oder zugespitzt formuliert: Auf das Tier wirkt der Reiz wie die Schwerkraft auf den Stein.

Diese Erkenntnis ist nicht ganz neu. Der scholastische Philosoph Johannes Buridan hat bereits im 14. Jahrhundert diese Reizgebundenheit in eine berühmte Analogie gefasst. Er hat behauptet, dass ein Esel, der vor zwei völlig gleichen Heubündeln steht, verhungern muss, da von beiden Bündeln der gleiche Reiz ausgeht und der Esel sich deshalb nicht für eines der Bündel entscheiden kann. Seither ist kein Esel an diesem Problem verhungert – vermutlich wegen fehlender philosophischer Vorbildung. Doch Buridans Beispiel veranschaulicht, wie Reizgebundenheit theoretisch definiert werden kann.

Das Problem des Buridanischen Esels hat in gewisser Weise eine Metamorphose erfahren und firmiert in den Kognitionswissenschaften unter dem Stichwort »trivial«. Auf den österreichischen Physiker, Kybernetiker und Philosophen Heinz von Foerster geht die Unterscheidung zwischen dem freien Menschen und der unfreien Maschine als die Unterscheidung zwischen nicht trivial und trivial zurück. Triviale Maschinen sind nach von Foerster insofern determiniert, als dass sie auf den gleichen Input den gleichen Output liefern, also quasi in immer gleicher Weise und auf Knopfdruck reagieren müssen. Demgegenüber hat der Mensch die Möglichkeit, auf den gleichen Input mit unterschiedlichen Outputs zu reagieren. Menschen sind nicht trivial.

Jetzt fragen wir uns, was Buridans Esel bzw. von Foersters Trivialität mit KI zu tun hat. Die Antwort ist simpel: viel. Wie der Esel – und Maschinen – kann auch KI nicht über ihre Prämissengebundenheit hinaus. KI kann Output nur basierend auf dem eingegebenen Input liefern.

Aber KIs wie GPT-4 sind doch alles andere als trivial! könnte man einwenden. Denn von Foersters Trivialität, nämlich dass KIs auf den gleichen Input den gleichen Output liefern, trifft für sie nicht zu, weil beispielsweise für denselben Prompt unterschiedliche Ergebnisse entstehen. Doch das stimmt so nicht. Denn Input ist nicht mit Prompt gleichzusetzen. Auch wenn der gleiche Prompt eingegeben wird, bestehen unterschiedliche Inputs durch unterschiedliche situative, etwa auch raumzeitliche, technische und rechnerische Bedingungen.

Die heute vielfach durch die KI-Debatte geisternde Behauptung, KI könne irgendwann diese Prämissengebundenheit aus sich selbst heraus überwinden (Stichwort: Starke KI), verkennt dabei den prinzipiellen Charakter dieser Determiniertheit. Dieser Charakter meint im Grunde nur, dass KI *im Prinzip* an ihre Prämissen gebunden bleibt. »Im Prinzip« heißt, dass das Prinzip wie eine mathematische Formel wirkt: Wir können die unterschiedlichsten Zahlen einfügen, der vorher programmierte Rahmen bleibt immer dasselbe. Auf KI übertragen bedeutet das, dass unabhängig davon, was KI als Ergebnis auch liefern könnte, es nichts sein kann, was nicht bereits in ihrer Programmierung – die analog zur mathematischen Formel wirkt – angelegt ist.

Hier ein plastisches Beispiel: Stellen wir uns eine Kiste mit Bausteinen vor, die wir beliebig aufeinanderstellen und -legen können. Auch wenn die Kombinationsmöglichkeiten scheinbar unendlich groß sind, kann doch am Ende nichts dabei herauskommen, was nicht bereits von Anfang an als Möglichkeit in der Kiste war. Ob KI Schachturniere gewinnt oder »autonom« Auto fährt – was uns Menschen unendlich komplex scheint, bleibt letztlich stets das Ergebnis eingespeister Daten.

Interessant dabei ist, dass diese Programmierung heute vielfach bereits derart komplex ist, dass sie überhaupt nur mithilfe eines Computers oder einer KI erstellt werden kann. Das bedeutet jedoch nicht, dass der Computer diese Programmierung *selbstständig* vornehmen könnte. Es bedarf immer eines

Menschen, der den Sinn und Zweck der Programmierung im Blick hat, den Input überhaupt vorgibt und – zumindest theoretisch – die Einprogrammierung nachrechnen könnte.

Um das in einem Bild zu verdeutlichen: Natürlich kann kein Mensch eine Baggerschaufel Sand auf einmal alleine bewegen. Aber der Mensch könnte prinzipiell diese Sandmenge mit einer Schaufel und viel Schweiß durchaus auch händisch wegschaufeln. Die KI-Programmierung, die per Computer vorgenommen wird, entspricht in etwa der Baggerschaufel. Wie aber der Bagger nicht »weiß«, wohin mit dem Sand, so »weiß« auch der programmierende Computer nicht, was das Programm, das er schreibt, bewirken kann.

Das Problem der Baggerschaufel heißt im Bereich der KI »Blackbox«. Auch wenn das, was KI am Ende ausspuckt, für den Menschen überraschend, weil nicht vorhergesehen, ist, bleibt es *prinzipiell nachvollziehbar*. Um es vereinfachend auszudrücken: Die Blackbox ist ein dunkler, nicht einsehbarer Kasten, wobei das Dunkel bildhaft die Komplexität der Rechenvorgänge meint. Der Mensch erteilt dem Blackbox-System einen Auftrag, und das System liefert ein Ergebnis. Wie es zu diesem Ergebnis gelangt, bleibt deshalb im Dunkeln, weil die Menge der Berechnungen den Menschen schlicht überfordern würde. Die Blackbox gibt es also nur aus empirisch-praktischen Begebenheiten, nicht theoretisch-normativ.

Um einem weit verbreiteten Irrtum vorzubeugen, der insbesondere im Bereich der Populärliteratur dazu verwendet wird, KI zu »dämonisieren«, muss hier verdeutlicht werden: KI will nix, nix Gutes und nix Böses. Warum? Alle Versuche,

KI zu »beseelen«, also zu vermenschlichen, übersehen, dass KI die beim Menschen bereits im Säuglingsalter beobachtbare Fähigkeit abgeht, aus sich heraus zu wollen. Das klingt zunächst banal, hat aber logisch sehr weitreichende Konsequenzen. Das Kind kann aus sich heraus entscheiden, ob es zum Fenster oder zur Tür schaut – KI kann das nicht. Auch die komplexeste KI kann nur einprogrammierte Befehlsketten abarbeiten. An diesem Prinzip ändert sich auch dann nichts, wenn KI sich selbst Neues beibringt. KI ist beispielsweise in der Lage, in einem so komplexen System wie dem Go-Spiel anhand der vorgegebenen Regeln Spielzüge vorauszuberechnen, die menschliche Go-Spieler:innen schlicht überfordern. Im Klartext heißt das: Wenn KI die Regeln einprogrammiert werden, kann sie nahezu unendlich viele Spielzüge nach den Vorgaben dieser Regeln erfinden. Ein Verhalten über diese Regeln hinaus, etwa zu schummeln, ist KI aus sich heraus nicht möglich. Kindern gewöhnen wir das Schummeln ab, KI müsste man es beibringen.

Für KI-Apokalyptiker:innen gibt es eine gute und eine schlechte Nachricht. Die schlechte Nachricht: Auch die fortschrittlichste KI ist im Grunde kaum mehr als ein überdimensionaler Taschenrechner – zumindest prinzipiell betrachtet. Doch kein Weltuntergang. Schade. Die gute Nachricht: KI unterscheidet sich dadurch vom gewöhnlichen Taschenrechner, dass sie längst in Bereiche unseres Alltagslebens einwirkt, die noch vor kurzer Zeit als unerschütterliche Bastionen des Menschlichen angesehen worden sind. Also vielleicht ein bisschen Weltuntergang? Weil KI diese enormen Möglichkeiten entwickelt hat, sind auch die potenziellen Gefahren, die von KI, respektive ihrem Missbrauch, ausgehen, enorm gestiegen. Ob ethisch, juristisch, sozial, kulturell oder politisch – mit der Verbreitung von KI gehen auch Probleme einher, die unsere Gesellschaft insgesamt verändern könnten. Wie diese möglichen gesamtgesellschaftlichen Probleme aussehen können, wollen wir uns etwas genauer ansehen.

»KI diskriminiert Frauen in der Bewerbungsauswahl.« Schlagzeilen wie diese lassen aufhorchen. Tatsächlich haben einige KI-Einsätze zu u. a. frauenfeindlichen, klassistischen, faschistischen oder rassistischen Ergebnissen geführt. So hat beispielsweise bei Facebook eine KI-gesteuerte Bilderkennung schwarze Menschen mit Affen »verwechselt«, haben KI-gesteuerte Bots nationalsozialistisches Gedankengut wiedergegeben, eine KI-Bildsoftware Frauen diskriminiert oder ein Bewerbungsauswahltool Menschen aufgrund ihrer Postleitzahl (Gegenden mit einem Großteil von Haushalten mit einem geringeren Einkommen) sozial herabgestuft. Diese und weitere Zwischenfälle lassen an der ethischen »Gesinnung« von KI zweifeln: Tendiert KI zum Nationalsozialismus? Ist KI misogyn? Ist KI per se diskriminierend?

Nein. Die Antwort darauf, wie dieser Eindruck entsteht, ist so banal wie erschreckend: KI liefert ihre Ergebnisse aufgrund der Daten, mit denen sie trainiert worden ist; Informatiker:innen sprechen salopp vom »Crap in, crap out«-Prinzip. Das heißt, wenn die Daten, mit denen KIs trainiert werden, aus einem Satz u. a. diskriminierender Praktiken gewonnen sind, dann sind es die Ergebnisse auch.

In unserem Eingangsbeispiel hat KI bei der Bewerbungsauswahl Frauen deshalb systematisch ausgeschlossen, weil sie mit Daten gefüttert worden ist, die per se problematisch waren: Für die zu besetzenden Stellen sind in den Jahrzehnten davor ausschließlich Männer eingestellt worden. Daher hat die KI daraus »gelernt«, dass Frauen für diese Stellen offensichtlich nicht gewählt werden und sie daher prinzipiell aus dem Verfahren ausgeschlossen. In diesem Fall ist die Diskriminierung nicht durch die böse Absicht der KI, sondern durch Gedankenlosigkeit der Programmierenden und offensichtlich diskriminierende Prozesse bei der realen Bewerbungsauswahl in der Vergangenheit entstanden. Die Verwendung dieser diskriminierenden Daten hat dann dazu geführt, dass KI diskriminierende Selektionen vorgenommen hat. Frauen sind in dem Unternehmen offenbar jahrelang für bestimmte Positionen nicht berücksichtigt worden. So gesehen hat diese Diskriminierung (im Zusammenhang mit KI spricht man dabei von »Bias«) auch ihr Gutes, hat sie doch quantifizierbar belegt, dass Frauen in der »echten« Welt tatsächlich viele Jahre lang um ihre beruflichen Chancen gebracht worden sind. Diese Diskriminierungen dann – ob mit oder ohne KI – aus der Welt zu schaffen wäre Aufgabe der jeweiligen Unternehmen.

Hier sind wir bei einem gesellschaftlichen Kernproblem von KI angelangt. Aufgrund ihrer schier unbegrenzten Möglichkeiten kann KI – bewusst oder schlicht fahrlässig von Menschen verwendet – Resultate hervorbringen, die enorme Folgen haben können. Die Verwendung von KI bedeutet für die Entwicklung der Menschheit einen ähnlich gravierenden Einschnitt wie die Zähmung des Feuers oder die Beherrschung der Kernspaltung. Wie das Feuer zum Kochen oder Brandschatzen, die Kernspaltung zur Stromgewinnung oder für Atombomben verwendet werden kann, so kann KI ebenfalls gewaltige positive oder negative Auswirkungen entfalten.

Welche Möglichkeiten sich auftun, wenn KI tatsächlich jene Fähigkeiten erlangen sollte, die ihr heute schon zugesprochen werden, lässt sich kaum absehen. Allerdings bleibt auch hier zu befürchten, dass für KI das gilt, was historisch betrachtet für bislang jede (technische) Neuerung zutrifft: Die sich daraus ergebenden Möglichkeiten werden missbraucht. Als Höhepunkt und Fanal dieser Entwicklung lässt sich der Abwurf der Atombomben auf Hiroshima und Nagasaki ansehen. Zynisch betrachtet ließe sich bezüglich der Innovationsgeschichte der Menschheit behaupten, dass jede Neuerfindung noch mehr Opfer gefordert hat als ihre Vorgängerinnen. Es gibt wenig Gründe, die dafürsprechen, dass das bei KI anders sein sollte.

Es ist deshalb verständlich, wenn besorgte Wissenschaftler:innen vor diesen Folgen eindrücklich warnen. Dass diese Warnungen bereits heute im Bereich des Politischen ihre Berechtigung haben, zeigt sich beispielsweise in China. Dort setzt das Regime KI in Form von Gesichtserkennung im öffentlichen Raum und in Schulen dazu ein, durch den Abgleich der persönlichen Daten und die automatische Führung eines individuellen »Sozialkontos« missliebige Personen zu identifizieren und zu sanktionieren. Wer sich für freiheitliche Werte,

Menschenrechte oder die uigurische Minderheit engagiert, wird öffentlich an den elektronischen Pranger gestellt, gecancelt oder strafrechtlich verfolgt. Um es noch einmal deutlich zu sagen: Es ist nicht die KI, die politische Gegner:innen behelligt, es sind (partei)politisch orientierte *Menschen*, die KI dazu gebrauchen. Und das ist vermutlich erst der Anfang. Es steht zu befürchten, dass mit jeder Weiterentwicklung von KI auch deren Missbrauchsmöglichkeiten wachsen – und zunehmend genutzt werden.

Die Auswirkungen, die KI im Bereich des Politischen haben wird, müssen jedoch nicht zwangsläufig negativ ausfallen. Optimist:innen sehen in KI die Möglichkeit für Bürger:innen, in einem seit der altgriechischen Agora nicht mehr möglichen Umfang, unmittelbar und ohne Zeitverzug am politischen Entscheidungsprozess beteiligt zu werden. Unter dem Schlagwort »Liquid Democracy« wäre durch die Einbindung von KI die Beteiligung aller Bürger:innen an politischen Entscheidungen in Echtzeit möglich – eine Renaissance der direkten attischen Demokratie.

Werden negative und positive Möglichkeiten von KI in der Welt des Politischen gegenübergestellt, gelangen wir zu folgendem Schluss: In politischen Systemen, die freiheitlich demokratisch und bürgerorientiert sind, erschließt KI die Möglichkeit, ihre Bürger:innen in sehr hohem Maße unmittelbar in politische Entscheidungen einzubinden. Demgegenüber werden politische Systeme, die ihre Bürger:innen unterdrücken und entmachten, KI vermutlich dazu nutzen, jede:n einzelne:n Bürger:in engmaschig zu überwachen, ihr

Handeln zu kontrollieren und sie zu knechten. Für das Verhältnis von KI und Staat gilt: KI hat dasselbe demokratische Potenzial wie der Staat, der sie einsetzt.

Diese beiden Möglichkeiten bietet KI auch im Bereich der Wirtschaft, sowohl auf der Angebots- als auch auf der Nachfrageseite, den beiden entscheidenden Faktoren, auf denen die kapitalistische Wirtschaftsform beruht.

Auf der Angebotsseite steigert KI, etwa zusammen mit Robotik, die Produktivität in neue Dimensionen. Den Menschen werden körperlich anstrengende oder monoton repetitive Tätigkeiten abgenommen, KI-gesteuerte Maschinen können auch komplexe Arbeitsabläufe schneller, präziser und billiger als der Mensch ausführen. Zudem lassen sich KI-Daten, die direkt im Produktionsprozess gewonnen werden, auswerten und global zusammenführen. Damit können die wirtschaftlichen Entscheidungsträger:innen nahezu in Echtzeit feststellen, wann, wo und wie viele Produkte hergestellt werden. Es wäre also möglich, KI-gesteuert weltweit punktgenau auf den menschlichen Bedarf hin zu produzieren. Dass das nicht geschieht, ist eine Folge menschlicher Profitgier: Wirtschaftskapitän:innen drosseln Produktionskapazitäten und damit das Angebot, um künstliche Knappheiten zu erzeugen: Knappe Güter verkaufen sich besser – und teurer.

Gleichzeitig bietet KI die Möglichkeit, durch Manipulation des Konsumverhaltens die Nachfrage künstlich zu steigern. Wer aufmerksam beobachtet, wie sich Konsument:innen heute schon durch Instagram, Amazon, Google & Co zu unüberlegten Käufen verleiten lassen, kann sich leicht ausmalen, welche Manipulationsmöglichkeiten sich den Weltkonzernen in digitalen Räumen und durch KI erschließen. Wenn potenzielle Konsument:innen in diesen Räumen nicht nur hören und sehen, sondern auch tasten, riechen und schmecken können, werden Kaufanreize über alle Sinneskanäle auf sie einprasseln: KI liest ihre Daten aus, erkennt ihre persönlichen Präferenzen und wird ihnen maßgeschneidert den knackigen Salat oder den saftigen Burger so präsentieren, dass sie nicht anders können, als zu bestellen. Personalisierte Werbung beschränkt sich bislang im Wesentlichen auf die Ergebnisse der großen Zahl, d. h., sie verlässt sich auf den statistischen Mittelwert. Wenn von 100 30-jährigen Frauen in Berlin 90 Avocadobrot lieben, dann geht die Werbung aktuell davon aus, dass mir, einer 30-jährigen Berlinerin, Avocadobrot ebenfalls schmecken sollte – und mir entsprechende Werbung zukommen lassen. Künftig wird KI vermutlich erkennen, dass ich zwar eine 30-jährige Berlinerin bin, jedoch Avocados nicht mag. Denn in Zukunft kann KI so viele persönliche Daten zusammentragen und auswerten, dass Werbung punktgenau trifft: KI weiß beinahe besser als ich selbst, was mir schmeckt.

Analog zu den politischen Missbrauchsmöglichkeiten von KI sind diese auch im Bereich der Wirtschaft vermutlich noch nicht ausgereizt. Was wir durch den vermehrten Einsatz von KI in der Wirtschaft als Verbraucher:innen und Arbeitnehmer:innen zu erwarten haben, stimmt nachdenklich. Aber auch hier gilt, dass es letztlich der Mensch ist, der KI zum Wohl der Gesellschaft einsetzt – oder auch nicht.

Wenn wir Politik und Wirtschaft im Zeitalter von KI denken, sollten wir als Gesellschaft heute schon Parteien und Global Playern Regeln auferlegen, die den Einsatz von KI zum Nutzen der Gesellschaft anstreben. Eine gesellschaftlich und ethisch wünschenswerte Verwendung von KI kann nur top-down durch politische Regulierung durchgesetzt werden und muss auf demokratischen Prinzipien basieren.

Im Rückgriff auf die Frage, was KI ist und welches die gesellschaftlichen, ethischen, politischen und ökonomischen Folgen ihres Einsatzes sind, können wir zusammenfassen: KI ist ein mehr oder weniger komplexes Gebilde aus Algorithmen, also im Grunde simplen Rechenvorschriften, das als Output nur das liefern kann, was als programmatischer Input, das wären die Daten und die Prämissen der Algorithmen dieses Systems, eingegeben worden ist.

Durch die heute nur teilweise absehbaren Möglichkeiten, die KI den Menschen bietet, entstehen Missbrauchsmöglichkeiten, denen durch eine verantwortungsvolle gesellschaftliche Regulierung Einhalt geboten werden muss: Werden wir die gewaltigen Möglichkeiten von KI nicht zu unserem Nutzen gestalten, werden diese uns gewaltig schaden.

Dass der mögliche Nutzen oder Schaden durch KI in den politischen oder wirtschaftlichen Sphären immens sein kann, liegt auf der Hand. Doch gilt das auch für den Bereich der Kultur? Um das beantworten zu können, müssen wir einen kurzen Exkurs in die Philosophie vornehmen und uns der Frage zuwenden: Was ist Kunst?

2 Von Aischylos bis Ai Weiwei: Die historisch-gesellschaftliche Dimension der Kunst

Was Kunst ausmacht, ist strittig. Allerdings reicht dieser Streit bis in die Zeit der Höhlenmalerei zurück. Seit es die Primaten zum aufrechten Gang gebracht haben, haben sie uns Spuren hinterlassen, die wir als »Kunst« identifizieren. Sei es das Mammut an der Höhlenwand, die aus Elfenbein geschnitzte Venus oder die Knochenflöte – sie alle belegen ein künstlerisches Bestreben unserer Vorfahr:innen.

Einerseits war diesen Urmenschen wohl daran gelegen, sich und ihr Umfeld zu verschönern. In diesem Sinne wären ihre Kunstobjekte das, was wir heute als »Dekoration« oder »Unterhaltung« bezeichnen: die bemalte Höhlenwand als Vorläuferin des Fernsehers, der mit Asche gebleichte Schopf als Ausdruck modischer Körperkultur und die aneinandergeschlagenen Büffelknochen als vorweggenommener Electrobeat.

Andererseits dienten diese künstlerischen Hervorbringungen höchstwahrscheinlich auch religiösen, zeremoniellen, rituellen oder ähnlichen Zwecken. Das gemalte Symbol als fortwährendes Gebet, die Tierzahnkette als Amulett gegen böse Geister oder der selbstverlorene Tanz als Aufgehen in der angerufenen Gottheit. In dieser religiösen Funktion hat die frühe Kunst sozialstiftende Funktion, da sie Ausdruck einer in der Gruppe geteilten Toten-, Lebenden- und Götterwelt war und zusammen mit den ersten verbalen Kommunikationsformen zugleich die Grundlage der kulturellen Identität der Gruppe zu legen vermocht hat. In diesem Sinne diente die Körperbemalung des frühzeitlichen Menschen nach heute gängigen Interpretationen anthropologischer Forschung vermutlich dazu, ihn optisch als Angehörigen eines Stammesverbandes auszuzeichnen, und zugleich, um den »bösen Blick« und anderes dämonische Unheil fernzuhalten.

Den ersten grundlegenden Wandel hat diese Funktion der Kunst in den aufkommenden Hochkulturen vor mehr als fünf Jahrtausenden durchlaufen. Indem den jeweils Herrschenden göttliche Eigenschaften zugesprochen wurden, wurde der Funktionsumfang insbesondere der darstellenden Kunst, also von Malerei und Plastik, erweitert. Kunst wurde nunmehr dazu eingesetzt, den Machtanspruch der jeweils Herrschenden zu legitimieren, und diente zugleich über die Stammesgrenzen hinaus als Symbol der Einheit des Herrschaftsgebietes. In beeindruckender Weise zeigte sich diese neue Funktion im alten Ägypten. Dem lebenden Pharao wurden beispielsweise von hoher Kunstfertigkeit zeugende Statuen errichtet, dem toten Pharao Pyramiden erbaut, in denen Schrift und Bebilderung das hohe künstlerische Level dieser Kultur zeigen.

In dieser in den Bereich des Politischen wirkenden Kunst steckt nicht nur Segen. Bereits in den Anfängen des Politischen haben Herrschende Kunst dazu eingesetzt, mit Wort, Bild und Monument ihre Macht zu festigen und auszudehnen, indem sie ihre Bevölkerung durch Kunst manipuliert haben: Ob Pharao oder römischer Kaiser, sie alle wussten Kunst zu propagandistischen Zwecken zu nutzen. Schüler:innen, die sich heute im Lateinunterricht mit Cäsars *De Bello Gallico* quälen, ist zumeist nicht klar, dass dieses Werk ursprünglich dazu verfasst worden ist, Cäsars Wirken in Gallien derart vorteilhaft darzustellen, dass der Verfasser wie selbstverständlich zu Höherem berufen scheint. Heute würde eine derartige Schrift bestenfalls als *Personal Branding* durchgehen.

Mit dieser Apotheose der Herrschenden einher geht eine Säkularisierung der Kunst, die nunmehr vermehrt weltlichen Zwecken dient. Damit erreicht die Profanisierung der Kunst eine neue Stufe, denn alsbald dient das Kunstwerk nicht nur göttlicher, sondern auch menschlicher Macht. Folgerichtig beginnt spätestens in der griechisch-römischen Antike die individuelle Umdeutung des Kunstschaffens: Der reiche Villenbesitzer schmückt die Wände seiner Wohnstatt mit kostbaren Fresken und Reliefs und seine Grabstätte mit plastischen Darstellungen seiner Person. Damit ist die Kunst in der modernen Großgesellschaft, wie das Römische Reich zweifellos eine war, angekommen.

Im abendländischen Mittelalter behält die Kunst diese doppelte Funktion bei, allerdings fällt auf, dass der größere Teil der aufwendig erstellten Kunstwerke *soli deo gloria*, also zu Ehren Gottes, geschaffen werden. So hat beispielsweise ein Tillman Riemenschneider seine berühmten Skulpturen fast ausschließlich für katholische Altäre geschnitzt oder Johann Sebastian Bach rund 200 Jahre später seine musikalischen Werke mit der Abkürzung »S. D. G.« Gott gewidmet. In diesem Sinne hat sich noch im Barock die überwiegende Mehrheit der Kunstschaffenden als Werkzeug Gottes und als diesem Dienende gesehen. Ihre Arbeit haben sie deshalb nicht nur als Broterwerb, sondern als Beitrag zur Mehrung des göttlichen Ruhms aufgefasst. Dieser Habitus ändert sich im Zuge der aufziehenden Neuzeit respektive der Aufklärung. Kunstschaffende als aufgeklärte Individuen wollen nicht länger hinter ihren Kunstwerken zurückbleiben, sondern begreifen die Kunst als adäquaten Ausdruck ihrer Individualität.

Diese Individualität hat es schon immer gegeben. Sei es der an die Höhlenwand gepustete Handabdruck, sei es das Graffito an der Hauswand in Pompeji oder die unbeholfene Schnitzerei in der Kirchenbank – sie alle sind Ausdruck einer Individualität, die sich ihrer selbst vergewissert und sich der Vergänglichkeit entheben will. Ob diese Form der individuellen Selbstvergewisserung als Kunst anzusehen ist, bleibt kunsthistorisch umstritten. In jedem Fall lässt sie sich als dem reinen Selbstzweck dienende Äußerung ansehen und wäre dadurch als Kunst im neuzeitlichen Sinne aufzufassen.

Der Perspektivwechsel hin zum Individuum lässt sich an einem Begriff festmachen, dem des Genies. Ein Leonardo da Vinci, ein Johann Wolfgang von Goethe oder ein Ludwig van Beethoven waren sich der genialen Monumentalität ihrer Werke durchaus bewusst und haben die ihnen zuteilwerdende Verehrung als ihrer persönlichen Genialität angemessen empfunden – eine Einstellung, die Albrecht Dürer oder Johann Sebastian Bach als blasphemisch betrachtet hätten.

Mit dem Aufkommen des Geniekults geht eine Umdeutung der gesellschaftlichen Widmung des Kunstschaffens einher. Was vorher der Ehre Gottes zugedacht war, wird nunmehr Objekt des nationalen Stolzes: Der Gedanke des Nationalstaates impliziert zugleich eine nationale Kultur, Kunst soll nunmehr identitätsstiftend wirken. Als Beispiel dieses gewandelten Kunstverständnisses mag August Heinrich Hoffmann von Fallerslebens »Lied der Deutschen« fungieren, in dem der Dichter sein Schaffen ganz in den Dienst der nationalen Idee stellt. Pervertiert wurde dieses Nationalbestreben schließlich im Nationalsozialismus, der die Idee des »Deutschtums« durch rassistisches Machtstreben diskreditiert hat. Heute, in einem vereinten Europa, sollte das Denken in nationalen Kategorien überwunden sein.

Dennoch schwindet der europäische Gedanke heute wieder, an seine Stelle treten regionale Gruppeninteressen. Ob Bayern oder Basken, Katalanen oder Wallonen – die regionale Subkultur tritt immer häufiger an die Stelle der nationalen »Leitkultur«, die von einer lokal umgrenzten »Stammeskunst« abgelöst wird. Diesem Trend scheinbar entgegen wirkt die Globalität der Bubble der Großstädter:innen. Im Grunde handelt es sich bei diesen urbanen Milieus allerdings lediglich um eine neue soziale Gruppe – die Bevölkerung der Großstädte dieser Welt als neuer »Stamm« mit eigener Kultur, weil eigener Kunst: Der Berliner und die New Yorkerin stehen sich kulturell näher als der Berliner und die Hotzenwälderin.

In der modernen respektive zeitgenössischen Kunst wird die Genialität dadurch aufgehoben, dass sich das Kunstwerk vom Kunstschaffenden emanzipiert. Das geschaffene Werk als eine für sich stehende und bedeutungsautonome

Singularität – jedes Kunstwerk ein künstlerisch ausgestalteter Mikrokosmos. Somit ist der Bereich der Kunst zu einer Galaxie von Kunstwerken geworden, die, jeweils für sich stehend, einzelne Sonnensysteme bilden.

Dennoch wirkt (auch die zeitgenössische) Kunst in gewisser Weise sozial identitätsstiftend, indem sie kulturelle Gruppierungen formt und gegeneinander absetzt. In diesem Sinne erweitert sich Kunst zur Kultur: Der einzelne Song eines bestimmten Musikstils wird zum Teil einer Popkultur, die sich dann auch in Sprache, Kleidung und Frisur manifestiert. Der Hip-Hop-Fan unterscheidet sich vom Electro-Fan über die gehörten Songs hinaus auch in Sprachduktus und Kleidermarke – die unterschiedlichen Kunstgeschmäcker münden in einem jeweiligen Lebenshabitus.

Um diese gesellschaftliche Dimension der Kunst in ihrer historischen Entwicklung zusammenzufassen:

1) Kunst entspringt dem Drang des Menschen, seine Lebenswelt zu verschönern.
2) Kunst dient dem Menschen dazu, dem Numinosen Ehre zu erweisen.
3) Kunst ist Ausdruck menschlicher Genialität.
4) Kunst wirkt als Kultur sozial identitätsstiftend.
5) Kunst dient als (macht)politisches Mittel.

Was schön ist an dem, was Kunst sein soll, ist den Menschen seit Urzeiten bekannt. Seitdem wissen wir um die kult- und kulturstiftenden, metaphysischen Aspekte der Kunst. Schließlich sind seither die sozial-politischen Möglichkeiten, die Kunst mit sich bringt, ebenfalls bekannt – und vielfältig eingesetzt worden. Eine Frage bleibt jedoch umstritten: Was ist Kunst?

3 Ohne Freiheit keine Kunst! Die philosophisch-ästhetische Dimension der Kunst

Wie immer, wenn die Menschheit sich mit über den Alltag hinausreichenden Fragen herumschlägt, tritt eine besondere Berufsgruppe auf den Plan: die Philosoph:innen. So ist es wenig überraschend, dass auch die Frage nach dem Wesen der Kunst zum Thema hitziger philosophischer Debatten geworden ist.

Um diese philosophiegeschichtliche Diskussion auf den Punkt zu bringen: Bereits im antiken Griechenland Platons und Aristoteles' hat man sich darauf verständigt, das Wesen von Kunst an zwei Begriffen festzumachen: *téchne* und *episteme*. Was ist darunter zu verstehen?

Téchne meint, vereinfacht gesagt, das handwerkliche Können. Darunter versteht man die Fähigkeiten Kunstschaffender, ihr Werk in der intendierten Form umsetzen zu können, anders ausgedrückt: ihre künstlerische Idee so zu realisieren, dass das Ergebnis ihrer Vorstellung entspricht. Was beispielsweise in der Malerei mit der Strichzeichnung an der Felswand begonnen hat, gipfelt im Trompe-l'œil.

Anekdotische Berühmtheit erlangt in diesem Zusammenhang der Malwettstreit zwischen den antiken griechischen Malern Zeuxis von Herakleia und Parrhasios. Zeuxis hat voller Stolz auf von ihm gemalte Trauben hingewiesen, die so lebensecht gemalt waren, dass Vögel sie anpicken wollten. Diese Ruhmestat hat Parrhasios gekontert. Er hat Zeuxis zur Besichtigung eines Gemäldes eingeladen, das scheinbar hinter einem Vorhang verborgen war. Allerdings war dieser Vorhang nur gemalt – was Zeuxis erst bemerkt hat, als er den Vorhang beiseiteschieben wollte, um das vermeintliche Gemälde zu sehen. Diese Anekdote veranschaulicht das Wesen der *téchne* als künstlerische Fertigkeit.

Demgegenüber meint *episteme* die Denkdimension eines Kunstwerks. Dahinter steht die Vorstellung, dass jede:r Kunstschaffende in ihrem Kunstwerk eine Aussage treffen will. Nach antiker Vorstellung wäre ein handwerklich noch so gelungenes Werk bestenfalls schön, jedoch keine Kunst, wenn ihm kein Gedachtes zugrunde liegt: *Téchne* allein reicht nicht zur Kunst. Die berühmte Statue »Diskobolos« (Diskuswerfer) des griechischen Erzgießers Myron etwa verkörpert über die Darstellung des perfekten männlichen Körpers hinaus zugleich das platonische Ideal, dass das Schöne, Wahre und Gute zusammenfallen. Das bedeutet: Kunst ohne *episteme* bleibt ideenloses Handwerk.

Die antike Vorstellung, dass *téchne* und *episteme* als unabdingbare Voraussetzungen von Kunst anzusehen sind, dominiert auch den europäischen mittelalterlichen Kunstbegriff. Allerdings tritt im Mittelalter auch in der Kunst der göttliche Bezug in den Vordergrund. Das Schöne, Wahre und Gute entspringt göttlichem Willen, Kunst dient der Ehre Gottes. Wird heute im kunsthistorischen Rückblick dieser Aspekt aus den Augen verloren, bleibt die Deutung des mittelalterlichen Kunstwerks unvollständig. Aus diesem Grund hat sich der mittelalterliche Kunstschaffende wesentlich als Handwerker verstanden, der sein Werk als Gottesdienst begreift.

Im Gegenzug schafft ihm das Werk nicht nur ein irdisches Einkommen, sondern – was ihm noch wichtiger ist – Pluspunkte fürs Jenseits: Ein Maler wie Matthias Grünewald ist fest davon überzeugt gewesen, dass sein »Isenheimer Altar« seinem Seelenheil zuträglich sei.

Dieser Kunstbegriff von Antike und Mittelalter hat im Wesentlichen bis zur Aufklärung gegolten. Dann ist Gott zurück in den Himmel verbannt worden. Nunmehr bedarf Kunst neben *téchne* und *episteme* vor allem eines: Freiheit. Weil die Aufklärung den Menschen in den Mittelpunkt ihres Denkens gesetzt hat, dreht sich auch der aufgeklärte Kunstbegriff um den Menschen. Dabei unterscheiden die Aufklärer zwei Aspekte der Kunst: das Werk und die/den dieses Werk Erschaffende:n. Bis dahin hat sich der Kunstbegriff im Wesentlichen an der Wirkung des Werkes auf die Rezipient:innen bezogen: Hinter die Wirkung des geheimnisvollen Lächelns der Mona Lisa tritt Leonardo da Vinci als Schöpfer zurück.

Mit dem deutschen Philosophen Alexander Gottlieb Baumgarten begründet sich im 18. Jahrhundert die Ästhetik als philosophische Disziplin. Obwohl Baumgartens Anliegen ein neuer Blick auf die Erkenntnistheorie gewesen ist, sind die Folgen dieses Ansatzes für die Kunstgeschichte von fundamentaler Bedeutung. Auf Baumgarten aufbauend, hat der Königsberger Philosoph Immanuel Kant in seiner Schrift zur Ästhetik, der *Kritik der Urteilskraft*, einen Begriff von »Kunst« entwickelt, der den antiken Kunstbegriff aufgreift und in einer Form weiterentwickelt, in der er heute noch gültig ist. Was war das Neue bei Kant?

Um es kurz und verständlich zusammenzufassen: Kant hat ganz konsequent den Kunstbegriff ausschließlich aus der Perspektive der Kunstschaffenden gedacht. Dieser Ansatz ist von Kant nicht zufällig gewählt worden. Wenn man Kunst danach definiert, was Menschen für Kunst halten, ergeben sich so viele Kunstbegriffe wie definierende Menschen – im schlimmsten Fall acht Milliarden. Erst dieser Perspektivwechsel ermöglicht es Kant – und damit uns –, zu einer allgemeingültigen, weil logisch begründeten, Definition von Kunst zu gelangen. Es ist im Übrigen kein Zufall, dass dieser Philosoph Kunstdefinition und Erkenntnis in einem engen Verhältnis gedacht hat: Seine Kunstdefinition lässt sich zumindest mittelbar aus seiner *Kritik der reinen Vernunft* herleiten.

Als Prämisse, ein Kunstwerk schaffen zu können, sieht Kant neben der Fähigkeit des Kunstschaffenden zu *téchne* und *episteme* dessen persönliche Freiheit an. Diese Freiheit ermöglicht es dem Menschen, genial zu sein. Während *téchne* und *episteme* als Regeln das Wirken des Kunstschaffenden einengen, schafft ihm diese Freiheit die Möglichkeit zum Regelbruch. Indem er sein individuelles Kunststreben im Werk über die Schranken dieser Regeln hinweg umsetzt, bricht sich seine Genialität Bahn. Beethovens imposante 9. Symphonie mag als fulminanter Regelbruch angeführt werden: In ihr zeigt sich musikalisches Genie in bis dahin ungehörter Harmonik und Dynamik, beispielsweise dadurch, dass ein Chor eingebracht worden ist, was es bis dahin in Symphonien nicht gegeben hat. Beethoven hat in diesem Werk nicht nur einen Höhepunkt der Musikgeschichte geschaffen.

Mit diesem wegweisenden Stück hat er nachfolgenden Komponist:innen zugleich neue musikalische Perspektiven aufgezeigt. Künstler:innen wie Beethoven, Gustav Klimt oder Friedrich Dürrenmatt werden als Leuchttürme ihrer Kunstrichtung angesehen, die für zahllose Epigonen und nachfolgende Generationen richtungsweisend gewesen sind. Das Licht dieser Leuchttürme ist – folgt man Kant – die menschliche Freiheit: Ohne Freiheit keine geniale Kunst, keine neuen Kunstrichtungen und keine großartigen Kunstwerke. Die Freiheit ist in der Kunst der Motor der Avantgarde.

Um Missverständnissen vorzubeugen, müssen wir diese Freiheit näher erklären. Die Freiheit Kunstschaffender ist hier weniger politisch, sozial oder ökonomisch gemeint, sondern bezieht sich auf das Kunstschaffen selbst. Es geht nicht darum, ob Kunstschaffende finanzielle Freiheit besitzen, in einem freiheitlichen demokratischen System leben oder sozial nicht ausgegrenzt werden. Selbst in faschistischen Systemen, in Armut oder ohne gesellschaftliche Anerkennung haben Künstler:innen beachtliche Meisterwerke zustande gebracht.

Um Kunst zu sein, muss das Werk den Anforderungen und Regeln der *téchne* entsprechen, es ist dadurch quasi dem Gesetz der Zunft unterworfen. Der künstlerisch schaffende Mensch emanzipiert sich in einem dialektischen Prozess von diesen Vorgaben der *téchne* und wird dadurch zum Schöpfer einer *téchne* sui generis, d. h. aus sich selbst heraus. Die Umformung und Erweiterung der bisherigen Regeln wirkt nunmehr selbst als Regel für nachfolgende Künstler:innen. Diese werden ihrerseits im schöpferischen

Akt quasi Regelbruch begehen und dadurch künstlerischen Fortschritt bewirken. Fortschritt in der Kunst verdankt sich ausschließlich künstlerischer Freiheit.

Für Kant erfordert ein Kunstwerk also Freiheit. Durch diese Freiheit kann der Kunstschaffende aus sich selbst heraus Neues schaffen. Die geniale Idee, der häufig erwähnte Geistesblitz, der künstlerische Schaffensrausch – all das können weder der Kunstschaffende selbst noch andere rational erklären. Selbst im stillen Kämmerlein kann ein Kunstschaffender aus sich selbst heraus und ohne Input von außen ein geniales Werk schaffen, sofern er über Grundkenntnisse der *téchne* und *episteme* verfügt und einen genialen kreativen Impuls hervorzubringen vermag. Dafür steht exemplarisch Vincent van Gogh. Er praktiziert einen Malstil, dem seine Zeitgenossen wenig abgewinnen können. Davon unbeirrt und kaum beachtet, hat van Gogh dennoch weitergemalt, weil ihm diese Malform künstlerisches Bedürfnis und Ausdruck seiner persönlichen Weltsicht gewesen ist. Van Gogh steht damit für all jene Künstler:innen, die, von ihren Zeitgenoss:innen verkannt, in einer für Außenstehende nur schwer nachvollziehbaren künstlerischen »Schaffenswut« Großartiges geleistet haben.

Ebenfalls beeindruckend ist die Ausdauer, die viele Künstler:innen in ihr Werk legen. Steinerner Ausdruck dieses Leistungs- und Leidenswillens ist Antoni Gaudís *Sagrada Familia*. An ihr hat der katalanische Baumeister lebenslang gearbeitet, selbst wenn ihm dabei zeitlebens mehr Häme und Spott denn Anerkennung zuteilgeworden ist. Gaudí zeigt: Viele

Kunstwerke verdanken ihr Entstehen einzig ungebrochenem Schöpfungswillen. Doch welche Bedeutung hat Kants Kunstbegriff für das 21. Jahrhundert, was ist Kunst heute?

4 Ist das Kunst oder kann das weg? Der Kunstbegriff im 21. Jahrhundert

Am verblüffendsten sind die Spuren des kantischen Kunstbegriffs da, wo man sie eher weniger vermutet – im deutschen Urheberrecht. Ob VG Wort oder GEMA: Beide definieren Kunst im Sinne Kants als – pekuniär verwertbare – Leistung eines Kunstschaffenden. Was diese Leistung ausmacht, bemisst das Urheberrecht an der »Schöpfungshöhe«. Die meint jenen Beitrag des Kunstschaffenden, der über die Dimension des Handwerklichen hinausreicht und dem Kunstwerk im Sinne Kants einen genialen Aspekt verleiht. So versteht es beispielsweise Gerhard Richter, seinen monumentalen Gemälden eine inspirierende Aussagekraft einzupflanzen, die Betrachtende als Ausdruck von Richters genialem Impetus erleben.

Den gleichen kantischen Kunstschaffenden findet man auch im Kunstbegriff des Aktionskünstlers Joseph Beuys. Der hat bekanntlich postuliert, dass alles Kunst sei. Dabei wird meist unterschlagen, dass dieses »alles ist Kunst« auch bei Beuys nur dann zutrifft, wenn ein Kunstschaffender in Freiheit ein Objekt zum Kunstwerk erklärt, weil dieses Objekt als Ausdruck seines künstlerischen Wollens aufzufassen sei. So definiert der populäre Professor der Kunstakademie Düsseldorf eine geschälte Kartoffel zum Kunstobjekt, weil ihm gilt: »Mit Bewusstsein Kartoffeln zu schälen ist Kunst.«

Gleiches gilt für die sogenannte »Readymade«-Kunst, das *Objet trouvé*. Bei dieser Kunstrichtung werden zufällige oder willkürlich gewählte Alltagsgegenstände durch den kunstschaffenden Menschen zu Kunstwerken erhoben. Auch bei diesen Objekten ist es der künstlerische Schaffensakt, der sie zur Manifestation kreativer Freiheit werden lässt. Marcel Duchamps *Fountain* etwa, ein signiertes handelsübliches Urinal aus einem Sanitärgeschäft, wird deshalb zum weltbekannten Kunstwerk, weil der französische Künstler mit diesem Objekt eine Aussage verbunden hat.

Spätestens seit dem *Objet trouvé* ist in der europäischen Kunst der *téchne*-Gedanke hinter jenen der *episteme* und die künstlerische Genialität zurückgetreten. In der zeitgenössischen Kunst beherrschen gesellschaftlicher Gegenwartsbezug und individuelle Botschaft das künstlerische Streben. Radikal zu Ende gedacht, hat sich darin der Gedanke des individuellen Schöpfungswillens als dominierendes künstlerisches Prinzip etabliert: Ein Kunstwerk ist Kunstwerk, weil es Ausdruck meines schöpferischen Wollens ist und damit zugleich *mein* Kunstwerk. Die Gefahr dieser absolutierten Individualität liegt in der potenziellen Missdeutung von Kunst. Ohne den individuellen Bezug bleibt das Kunstwerk möglicherweise beliebig.

So sind die bekannten Filzobjekte Joseph Beuys' zunächst einmal Ausdruck individueller traumatischer Kriegserlebnisse. Filz und Fett haben dem im russischen Winter abgeschossenen Weltkriegspiloten angeblich das Leben gerettet, weil ihn Filz vor dem Erfrieren und Fett vor dem Verhungern bewahrt hat. Dieser extrem subjektive Bezug zu diesen beiden Stoffen, die zu Leitmotiven seines Schaffens geworden sind, haben dem heutigen Betrachter zunächst wenig zu sagen. Erst die Transzendenz dieser Stoffe, ihre Bedeutungsausweitung ins

Allgemeine des Menschseins, schaffen eine Allgemeingültigkeit, die den Beuys'schen Objekten über individuellen Bezug hinaus den Status von Kunstwerken verleihen.

Das *Objet trouvé* und Beuys' Filzobjekte weisen auf ein fundamentales Problem in der Kunstdebatte hin, nämlich den Unterschied zwischen »Kunst« und »künstlich«. Nehmen wir eine Leinwand, die eine Künstlerin im Rahmen einer Kunstperformance mit roter Farbe »besudelt« hat, und vergleichen sie mit einer ebenfalls rot beschmierten Leinwand, auf der versehentlich ein Farbtopf umgeschüttet worden ist. Beides sind künstliche Objekte, weil Leinwand und rote Farbe in dieser Form in der Natur nicht vorkommen. Im Fall der Performance können wir uns alle leicht darauf einigen, dass es sich um Kunst handelt – was wir im zweiten Fall ausschließen würden. So weit, so klar. Problematisch wird es dann, wenn wir diesen Unterschied vom Ergebnis her begründen sollten. Ohne das Vorwissen, dass das erste Objekt mit künstlerischem Vorsatz gemacht ist, kann diese Begründung kaum sinnvoll erfolgen. Daraus folgt: Ein künstliches Objekt kann nur dadurch zum Kunstobjekt mutieren, dass wir sein Entstehen dem schöpferischen Wollen eines Menschen zusprechen. Aber wieso ist das so?

Wieso macht es einen Unterschied, ob ein Kunstschaffender eine Leinwand bewusst rot beschmiert oder ob es sich um ein Zufallsprodukt der Umgebung handelt? Die Antwort finden wir in der Sozialphilosophie. Denn sozialphilosophisch lässt sich feststellen, dass der Mensch bei seinem Bedürfnis nach Kunst ein Streben nach Menschlichem hat: Wir wollen, dass

Kunst menschengemacht ist. Das unterscheidet Kunst etwa von Naturprodukten, die auch zweifellos schön und anregend sein können, aber eben nicht unser Bedürfnis nach der sozialen, politischen und humanen Komponente in der Kunst befriedigen können. Diese Komponenten der Kunstrezeption erklären einerseits die gesellschaftliche Verehrung, die wir Kunstschaffenden als Personen entgegenbringen. Der empirische Beweis: Starkult existiert öfter in Musik, Malerei und Literatur, aber seltener in der Buchhaltung – wir wollen nicht nur das große Werk, wir wollen auch den großen Kunstschaffenden. Andererseits erklärt dieser persönliche Bezug zum Kunstschaffenden unsere Enttäuschung, wenn wir bei der Autor:innenschaft hinters Licht geführt werden. Als vor einigen Jahren Kunstkritiker:innen von Affen gemalte Bilder zur Bewertung vorgelegt worden sind und diese Expert:innen die Werke nicht nur gelobt, sondern auch erklärt haben, war die Schadenfreude groß. Es macht eben doch einen Unterschied, ob ein Werk von künstlerischer Menschenhand geschaffen worden ist. Wir werden wahrscheinlich auch in Zukunft in Galerien, Museen und Ausstellungen keine zufällig entstandenen »Kunstwerke« bewundern wollen, die ohne Message, ohne bewussten Entstehungsakt, ohne implizite oder explizite Bezugnahme auf kunstgeschichtliche Vorbilder entstanden sind.

Wenn also Beuys sagt, dass alles Kunst und jede:r ein:e Künstler:in sei, dann muss man sinnvollerweise hinzufügen: Nur jeder Mensch ist Künstler:in; nur was *menschengemacht* – und als solches intendiert – ist, kann potenziell Kunstwerk sein.

5 Künstliche Intelligenz versus künstlerische Intelligenz

Wenn selbst das *Objet trouvé* Kunst sein kann, liegt der Gedanke nicht fern, dass es nicht unbedingt des Quantencomputers bedarf, damit KI zur Künstlerin mutiert. Angesichts der heute bereits vorhandenen technischen Möglichkeiten, also der *téchne*, mit der KI-Programme malen, komponieren oder dichten, scheint KI noch nicht einmal darauf angewiesen zu sein, Objekte zu finden – sie kann sie schneller und besser selbst herstellen.

Darüber hinaus wird es nicht mehr lange dauern, bis KI das schafft, was mittelalterlichen Gelehrten und aufgeklärten Enzyklopädist:innen noch wilde Utopie schien, nämlich das »Weltwissen« intus zu haben. Also sollte auch die Frage, ob KI *episteme* aufweist, als Anforderung an KI-Kunst längst beantwortet sein – und zwar mit: Ja! Schließlich »weiß« KI mehr, als jeder Mensch weiß und wissen kann.

Damit ist im Sinne des antiken und mittelalterlichen Kunstbegriffs die Gleichung zulässig: Künstliche Intelligenz = künstlerische Intelligenz, weil sie *téchne* und *episteme* beherrscht. Führen wir uns vor Augen, dass KI Rembrandt-Bilder besser malt, als es der niederländische Altmeister gekonnt hätte, wie sie Symphonien beendet, für die Schubert keinen adäquaten Abschluss gefunden hat, oder wie sie Sonette nicht nur im italienischen Duktus eines Francesco Petrarca, sondern zugleich im Stile Shakespeares im Altenglischen oder Goethes im Deutschen erdichten kann. Dann würde man diese Auffassung auch für die Gegenwart übernehmen.

Dem steht jedoch Kant mit seiner künstlerischen Freiheit entgegen. Die Gleichsetzung von künstlicher und künstlerischer Intelligenz scheitert an genau einem Momentum: der schöpferischen Genialität. Wir haben oben gezeigt, dass KI stets an ihre Prämissen gebunden und damit prinzipiell unfrei bleibt. Diese Unfreiheit führt logisch zwingend zur endgültigen Klärung der Frage, ob KI Kunst kann:

KI ist unfrei und kann deshalb keine Kunst.

Wohlgemerkt: Dieses Diktum gilt nur dann, wenn von Kunst in kantischem Sinne die Rede ist, also auf die Freiheit der Kunstschaffenden abgehoben wird. Auch hier gilt: andere Kunstbegriffe, andere Ergebnisse. Verzichten wir auf das Momentum der Freiheit oder wechseln gar in die Betrachtendenperspektive, wäre die Frage, ob KI Kunst kann, zu bejahen. Allerdings droht in diesem Falle – wie schon gesagt – das Beliebigkeitsproblem: Weil allen gefallen kann, weil allen alles nicht gefallen kann, geht das, was Kunst sein könnte, in dieser Beliebigkeit unter. Führen wir uns nochmal Beuys' geschälte Kartoffel vor Augen: Menschen können Kartoffeln schälen. KI kann das besser, präziser und schneller. Ohne das künstlerische Wollen wäre jede geschälte Kartoffel ein Kunstobjekt – jede Pommesbude mutierte zum Kunsttempel. Und das ist nach Beuys eben nicht der Fall. Denn nur der Kunstschaffende kann Kartoffel oder Pommes zum Kunstwerk erheben. Ohne künstlerisches Wollen bleibt eine Kartoffel ein Nachtschattengewächs ohne Kunstanspruch.

Weil wir diesem Beliebigkeitsproblem entgehen möchten, greifen wir, wenn wir von »Kunst« reden, auf Kant und seinen Freiheitsaspekt zurück. In diesem Sinne kann KI keine Kunst schaffen. Wie aber ist das zu beurteilen, was KI als »Kunst« produziert? Schließlich übersteigt der Output KI-generierter Werke längst menschliches Schaffensvermögen. Die Antwort: als Kitsch.

Was genau ist Kitsch? Weil wir bereits ausführlich zu definieren versucht haben, was unter Kunst verstanden werden soll, können wir die Beschreibung dessen, was Kitsch ist, kurz fassen: Kitsch sind Gartenzwerge, Nippes und das Sonnenuntergangsgemälde. Warum? Weil sie zum einen als »Kunstobjekte« nur von der Betrachtendenperspektive aus gedacht werden und sich ihr »Wert« aus dem Maß ihres Wohlgefallens ableitet. Der Gartenzwerg ist nichts anderes als niedlich, der Nippes nichts anderes als süß, und der Sonnenuntergang ist nichts anderes als romantisch.

Allgemein haben sich einige Kriterien etabliert, die unschwer erkennen lassen, ob ein Objekt Kitsch oder Kunst ist. So fehlt beim Kitsch der Interpretationsspielraum, das kitschige Objekt steht nur für sich, ist nicht auslegbar und weist nicht über sich hinaus. Beispielsweise bedienen die billig hergestellten Ananas-Vasen, die in Möbelhäusern verkauft werden, in ihrer pseudonaturalistischen Ausführung das kleinbürgerliche Fernweh nach »Exotika«, sie bleiben jedoch ohne interpretierbaren Sinn und sind deshalb bloße Dekorationsartikel.

Zudem basiert Kitsch wesentlich auf gesellschaftlichen Stereotypen und Klischees. Auf Postkartenmotiven aus der Schweiz werden beispielsweise gerne schneebedeckte Berggipfel samt urigen Berghütten, grünen Almen und weidenden Kühen abgebildet. Diese Motive werden allgemein mit der Schweiz assoziiert, das kitschige Postkartenmotiv bedient diese stereotype Erwartung.

Kitsch ist fast immer leicht reproduzierbare Massenware. War Musik noch vor einem Jahrhundert seltene Handarbeit, so berieseln uns heute Fahrstuhl- und Kaufhausmusik fast nonstop. Bei dieser Musik wird auf jeden künstlerischen Anspruch von vornherein verzichtet, sie dient lediglich dazu, Menschen ein entspanntes akustisches Ambiente zu bereiten. Diese »Songs« sind austauschbar, beliebig und stilistisch kaum voneinander zu unterscheiden.

Wir können also festhalten: Kitsch ist keine Kunst. KI kann keine Kunst, weil ihr Freiheit und damit Genialität fehlen. Aber kann sie Kitsch? Ziehen wir die Kitsch-Merkmale heran, dann lautet die Antwort: ja. Das, was KI »schöpferisch« herstellt, bleibt oberflächlich. Die »Werke« von KI erwecken zwar den Anschein, Kunst zu sein, sie sind es jedoch nach dem hier formulierten Kunstbegriff genuin nicht. KI *imitiert*, weil sie ohne künstlerische Intention willkürlich vorgegebene Elemente neu kombiniert. Was dabei herauskommt, sind »Als-ob-Strukturen«, also Lieder, Bilder, Gedichte etc., die auf Betrachtende so wirken können, als wären sie Kunst. Wichtig dabei: KI verfasst diese Kombinationen absichtslos – sie sind also nicht interpretierbarer

Wille eines kreativen Schöpfungsaktes wie bei menschlichen Kunstschaffenden und bleiben deshalb unauslegbar.

Wenn Caspar David Friedrichs bekannte *Abtei im Eichwald* eine düstere, morbide Grundstimmung aufweist, dann will der Maler damit letztlich ein Vanitas-Symbol, also menschliche, irdische, diesseitige Vergänglichkeit, darstellen. Würde KI ein ähnliches Bild reproduzieren, wäre sie lediglich in der Lage, optisch wiederzugeben, was Betrachtende als Abenddämmerung sehen. Die Meta-Dimension von Friedrichs Meisterwerk bleibt für KI unerreichbar. Trotzdem würden wahrscheinlich nicht wenige Betrachtende auch einer KI-gemalten Abenddämmerung diese Vanitas-Aussage unterstellen – ein klassischer Fall anthropomorpher Analogie. Das bedeutet: Im Grunde »täuscht« KI den Betrachtenden nicht, der täuscht sich selbst.

Noch deutlicher fällt diese Selbsttäuschung bei zeitgenössischer Kunst ins Auge. Ein Bild wie *Birkenau* von Gerhard Richter lässt das Auge des Betrachtenden im Stich: Außer amorpher Flächen und Linienführung ist kaum etwas erkennbar, was der Titelgebung des Werkes entspricht. Genau darin liegt der geniale Impetus des Künstlers, der das unsagbare Grauen des Konzentrationslagers mehr oder weniger vollständig in die Denkwelt des Betrachtenden transferiert. Es ist diese Denkwelt, von der KI nichts »weiß« und die sie deshalb auf künstlerischem Wege nicht ansprechen kann. KI-Geschaffenes bleibt nicht auslegbar – vielleicht hochkomplex, aber sicher »dumm«.

Angesichts dieser hochkomplexen Dummheit fallen die

weiteren Kitschkriterien weniger ins Gewicht. Begrenzt auf die eingespeisten Trainingsdaten, kann KI über den quantitativen Durchschnitt hinaus keine »Ausreißer« produzieren. Die stellen jedoch die unabdingbare Voraussetzung künstlerischer Individualität dar. Werden beispielsweise 30.000 Abendstimmungen eingespeist, kann kein einziges Bildelement durch KI originär geschaffen werden, da sich jedes Element einer KI-gemalten Abendstimmung in mindestens einem dieser eingespeisten Bildelemente wiederfindet. Demgegenüber fallen bereits Strichzeichnungen von Kleinkindern dadurch auf, dass sie »Neues« enthalten: Sollen 30.000 Kinder im Kindergarten eine vorgegebene Sonne abzeichnen, gleicht sich keine dieser »Kopien« völlig. Soll heißen: Nicht jedes dieser Kinder ist gleich ein Caravaggio, trotzdem zeichnet jedes Kind *frei*. Während diese Kinder ihren Zeichnungen also Individualität verleihen können, bleibt KI-»Kunst« prinzipiell im durchschnittlichen Stereotyp verhaftet.

Daher erfüllt KI-Kunst per se auch die letzte Anforderungen an Kitschwerke – deren simple Reproduzierbarkeit. Alles, was KI »künstlerisch« hervorbringt, kann sie in gleicher Weise und immer wieder wiederholen. Ob Kaufhausmusik oder Bergwelttapete – KI kann das, was vormals menschlicher Kreativität vorbehalten war, in beliebiger Form imitieren: Was noch bis vor kurzem mühsame Handarbeit war, nämlich die technische Produktion kitschiger Lieder, Gedichte oder Bilder zum bloßen Zwecke der Berieselung oder Dekoration, ist durch KI einfacher, billiger und ohne menschliches Zutun herstellbar geworden.

Ist demnach alles künstlerische Wirken von KI obsolet, weil bloßer Kitsch? Nicht ganz. KI mag als autonome Künstlerin versagen. Dennoch eröffnet sie neue Wirkungsräume des Kunstschaffens. Das tut sie dann, wenn menschliche Künstler:innen auf KI als Medium ihres Schaffens zurückgreifen. Ob mithilfe von KI generierte Bild- und Videowerke, ob mithilfe von KI generierte Plastiken oder ob mithilfe von KI generierte Sprachwerke – sie alle werden realisierbar, weil Kunstschaffende auf jene Ressourcen zurückgreifen, die ihnen KI zur Verfügung stellt.

Das heißt, KI als Mittel zum Kunstschaffen eröffnet neue Möglichkeiten, bleibt dabei im Grunde jedoch nichts anderes als Pinsel, Geige oder Meißel: Werkzeug. KI wird grundsätzlich *nicht* in der Lage sein, als autonome freiheitliche Kunstschaffende aus sich heraus schöpferisch tätig zu werden – was zumindest Kant so sehen würde. Das, was KI bestenfalls zu Wege bringen kann, bleibt Kitsch.

Unabhängig davon, ob mithilfe von KI Kunst oder Kitsch produziert wird, bleibt das, was, wie und in welcher Menge durch KI hergestellt wird, allerdings nicht ohne Auswirkungen auf die Gesellschaft.

6 Keating, Beltracchi und KI – Zwischen Originalität, Mimesis und Fälschung

Einen spannenden Aspekt dieser gesamtgesellschaftlichen Auswirkungen stellt dabei die Frage nach Originalität dar. Seit es Kunst gibt, wird sie gefälscht. »Das Leben lacht, die Sonne strahlt, der tote Vincent malt und malt ...«, hat schon 1930 der Berliner Kunstkritiker Alfred Kerr angemerkt, als er einen Strafprozess um Vincent-van-Gogh-Fälschungen verfolgt hat. Zwischenzeitlich kennt die Kunstszene 49 Gemälde van Goghs, die im offiziellen Werksverzeichnis zwar aufgelistet, aber eindeutig gefälscht sind.

Diese Art von Fälschungen, also Werke, die im Stil eines bestimmten großen Meisters der Kunstgeschichte geschaffen werden, gehen, wenn sie denn entlarvt werden, mit einer immensen medialen Resonanz einher, so zum Beispiel die vorgeblichen Campendonks, Ernsts und Pechsteins von der Hand Wolfgang Beltracchis oder die nur täuschend echten Ölbilder und Aquarelle von Pierre-Auguste Renoir und Kees van Dongen, die von Tom Keating erstellt worden sind.

Wenn diese »Im-Stil-von«-Fälschungen technisch virtuos ausgeführt werden, können selbst Kunstsachverständige damit hinter das Licht geführt werden. Viele der berühmten Fälscher:innen haben so jahrzehntelang und mit hohem monetären Gewinn gepinselt und gespachtelt. Und das oft künstlerisch durchaus bemerkenswert: Leinwände sind mit viel Geschick ihren historischen Vorbildern angeglichen, Farben in mühsamer Handarbeit authentisch rekonstruiert und

Linien- und Pinselführung dem genialen Duktus der Meister angenähert worden. Doch bei aller Bewunderung für Mühe, Aufwand und Können der Fälscher:innen bleiben die Ergebnisse eines: Fälschungen (und damit übrigens strafbar).

Strafbare Fälschungen sind auch die mehr oder weniger gelungenen Kopien bekannter Werke, die teilweise mit erstaunlicher Dreistigkeit an unbedarfte Käufer:innen, Galerist:innen und Kurator:innen verkauft werden. Besser als die Werke selbst sind zumeist die Lügenmärchen, mit denen Plausibilität für ihre Entstehung erreicht werden soll. Wer weiß nicht, dass es die Mona Lisa nicht bloß zwei, sondern drei oder vier Mal gibt – natürlich alle von der Hand da Vincis. Diese 1:1-Fälschungen haben meist kurze Halbwertszeit, ihre Hervorbringer:innen wandern kurz und humorlos in den Knast, ihre Erwerber:innen avancieren zum Quell schadenfroher Heiterkeit.

Fälscht KI auch so? Ja und nein.

Grundsätzlich kann KI natürlich von sich aus nicht fälschen, weil ihr – kriminologisch und juristisch betrachtet – nicht nur das erforderliche Motiv, sondern auch der Vorsatz fehlt. KI verspürt weder aus sich heraus den Drang, zu malen, zu komponieren oder zu schreiben, noch drängt es sie dazu, mit Werken Geld zu verdienen. Das bleibt dem (fälschenden) Menschen vorbehalten. Aber können mithilfe von KI (in menschlicher »Autor:innenschaft«) nicht dennoch Fälschungen produziert werden? Mit Sicherheit!

Dabei unterscheidet sich bei KI-produzierten 1:1-Fälschungen das Problem nicht von dem des fälschenden Menschen. Ob per KI, Kunstdruck oder Kopierer – werden solche »Werke« als Originale unter die Leute gebracht, gestaltet sich die juristische und kunsttheoretische Einordnung relativ simpel: Fälschung und damit basta.

Als problematischer erweist sich die Sachlage, wenn KI aus antrainierten Werken und Stilen Objekte kreiert, die es bislang noch nicht gegeben hat. Wenn KI heute bereits neue Rembrandts im Stil des Altmeisters malen, Choräle nach Art Johann Sebastian Bachs komponieren oder neue Harry-Potter-Kapitel im Stil von J. K. Rowling schreiben kann, dann sind das keine Fälschungen, wenn die Autor:innenschaft öffentlich gemacht wird. Andernfalls sind auch diese »Werke« Fälschungen.

Diese beiden Arten von Fälschungen existieren in der Geschichte der Menschheit, seit es Kunstschaffen gibt, und es wird sie auch vermutlich weiterhin geben – ob mit oder ohne KI. Allerdings bringt der KI-Einsatz in der Kunst eine neue, dritte Art von Fälschungen hervor, die es in dieser Form bislang nicht gegeben hat. Dabei werden die beiden genannten Arten des Fälschens quasi kombiniert und ergänzt, Diego Velázquez' *Übergabe von Breda* etwa im Stil Jan Vermeers, Johann Wolfgang von Goethes *Faust* im Stil Hertha Müllers oder Franz Schuberts *Winterreise* im Stil von Harry Styles. Einerseits würden diese neuen Werke eindeutig Fälschungscharakter aufweisen, weil sowohl ein existierendes Originalwerk als auch der existierende Stil eines Kunstschaffenden kopiert werden. Andererseits wären diese Werke keine Fälschungen, wenn sie aus einem neuen künstlerischen Impetus heraus menschlicher Autor:innenschaft entstammten. Ohne diesen kreativen menschlichen Impuls blieben diese Werke – auch wenn handwerklich perfekt – der Output einer seelenlosen Maschine. Und damit im klassischen Verständnis von Originalität und Fälschung zweiteres.

Wir sehen: Bei der Frage nach kunstschaffender KI gibt es keine simplen Schwarz-Weiß-Antworten, weil sie u. a. Bereiche der Jurisprudenz, Soziologie, Ästhetik, Kunsttheorie und Philosophie tangiert. Der archimedische Punkt in der Beurteilung, ob ein Werk Kunstwerk, Imitat oder Fälschung sei, bleibt letztlich die auf Kant basierende Autorschaft: Nur Kunstschaffende, die aus Freiheit heraus handeln, können Kunst.

Das sieht auch das deutsche Urheberrecht so. Weil es auf die »Schöpfungshöhe« und damit den freien künstlerischen Impetus des Kunstschaffenden abhebt, lässt sich KI-Kitsch relativ einfach als Nicht-Kunst deklarieren. Die elementarste Voraussetzung dafür, dass ein Werk Kunstwerk werden kann, ist – zumindest philosophisch gesprochen – das Vorliegen von Intentionalität: Nur wo ein Kunstschaffender Kunst schaffen *will*, kann, sofern die anderen Voraussetzungen vorliegen, ein Kunstwerk zustandekommen. In diesem Sinne sind auch die bislang ergangenen Urteile in diesem Bereich einzuordnen. Gleichzeitig wird damit jedoch auch der Vorwurf entkräftet, dass KI Kunst fälschen könnte. Wie beim Schummeln gilt auch beim Fälschen: Der Anstoß dazu stammt immer von einem Menschen. Daher würde man KI auch nicht als Fälscherin beklagen können, auf die Anklagebank gehörten die anstiftenden Menschen.

7 KI, Kunst, Kapitalismus: Kitschiger Goldrausch

Auch wenn der Aspekt der »Kunstproduktion« durch KI zurzeit noch eine eher untergeordnete Rolle spielt, bedarf es keiner prophetischen Fähigkeiten, um vorherzusagen, dass diese Produktionen in absehbarer Zeit zu einem wichtigen Wirtschaftsfaktor werden.

Es beginnt mit den Auswirkungen auf dem Kunstmarkt. Wenn ein dilettantisch zusammengepinseltes Werk wie das KI-generierte *Portrait of Edmond de Belamy* rund eine halbe Million US-Dollar eingebracht hat, dann lässt diese Zahl für die Zukunft Übles erahnen. Es steht zu befürchten, dass KI-Kunstwerke den Markt überschwemmen werden, die Verteilungskämpfe unter den menschlichen Kunstschaffenden werden härter. Bereits heute sind die öffentlichen und privaten Mittel, die in Kunst investiert werden, gering: Das Statistische Bundesamt hat in seinem »Spartenbericht Bildende Kunst« ermittelt, dass mehr als ein Drittel der Erwerbstätigen in der Bildenden Kunst 2019 mit monatlich weniger als 1100 Euro auskommen mussten und der Gesamtkunstumsatz im Jahr 2015 5,2 Milliarden Euro betragen hat. Wenn KI-Kunst ihren Teil von diesem Kuchen vergrößert, werden nicht wenige Kunstschaffende künftig am Hungertuch nagen müssen.

Doch wird nicht genau das Gegenteil der Fall sein? Wird es durch KI nicht mehr Menschen möglich sein, Kunst zu schaffen? Bis heute haben verschiedene Gatekeeper, also Personen, Strukturen oder Institutionen, die den Kunstmarkt dominieren, Menschen vom Kunstschaffen ausgegrenzt. Ob in Musik, Bildender Kunst oder Wortkunst – viele Kunstformen erfordern nicht nur teure finanzielle Vorleistungen, etwa ein Atelier, Kunststudium oder Instrument, sondern auch die Einbettung in soziale Strukturen, die die Voraussetzung dafür gewährleisten, dass Kunstwerke angehört, ausgestellt oder gelesen werden. Hier wirkt KI auf den ersten Blick egalitär, weil sie Schaffensmöglichkeiten und Marktzugänge ermöglicht, die vormals nicht in dem Umfang verfügbar waren. Die junge Rapperin kann ihr Debütalbum problemlos im Kinderzimmer aufnehmen und auf Spotify kostenlos veröffentlichen. Dem Autor stehen für sein Erstlingswerk mehrere Plattformen offen, auf denen er kostenlos auf Leser:innen hoffen kann. Sie alle können mithilfe von KI noch schneller, einfacher und günstiger ihre Werke schaffen, veröffentlichen und vermarkten.

Der Schluss, dass dadurch der Kunstmarkt liberalisiert wird, erweist sich als Kurzschluss. Längst haben Musikgiganten wie Universal oder Mega-Verlage wie Bertelsmann die Möglichkeiten der digitalen Verbreitung und der monetären Ausbeutung von Kunst oder Kitsch erkannt. Durch ihre finanziellen Möglichkeiten sind sie in der Lage, KI-gesteuert den Kunstmarkt zu ihren Gunsten zu manipulieren. Durch diese monopolistischen Institutionen und Firmen, die es in allen Bereichen der Kunstwelt gibt, werden diese Gatekeeper-Funktionen noch um ein Vielfaches verstärkt – und auf Gewinn getrimmt.

Es ist heute bereits gängige Praxis, Blockbuster, Hits oder

Bestseller durch gezielte Werbung zu solchen zu machen. Die Möglichkeiten, die sich künftig auftun, wenn KI-gesteuert personalisierte Werbung den Kund:innen mit »maßgeschneiderter« Kunst noch mehr Geld aus der Tasche zieht, lassen die Privatwirtschaft auf eine rosige Zukunft hoffen. Zumal die Produktionskosten künftig nur noch Bruchteile der heutigen betragen werden, wenn KI diese »Kunstwerke« generiert. Es ist kein Zufall, dass Drehbuchautor:innen, Synchronsprecher:innen und Musikproduzent:innen bereits heute auf die Straße gehen, weil sie um ihre Jobs fürchten. Die Kultur- und Unterhaltungsindustrie hat längst begonnen, ihren KI-generierten Kitsch, aber auch unter Zuhilfenahme von KI entstandende Kunst Kunst, mittels einiger weniger Superstars zu vermarkten. Die Lieder, mit denen Helene Fischer Millionen einsingt, werden mithilfe von computergenerierten Klängen auf den typischen »Fischer-Sound« getrimmt, und wenn ein Florian Silbereisen fünfhändig Akkordeon spielen kann, dann sollte selbst den Freund:innen volkstümlicher Musik aufgehen, dass diese Musik nur noch bedingt mit jener verglichen werden kann, mit denen ihre Großeltern und Eltern aufgewachsen sind. Nicht nur in der Musikbranche dienen allseits bekannte Gesichter als Marke und Verkaufsgaranten KI-generierten Kitschs.

Die Folgen, die diese Entwicklung für den Kunstbetrieb insgesamt hat, liegen auf der Hand: Weniger bekannte Künstler:innen werden nicht mehr gebucht, ausgestellt, verlegt – und verkauft. KI ersetzt sie schnell und problemlos, zumal KI »Übermenschliches« schaffen kann. KI als Autorin kann ihr Werk gleich selbst in beliebig viele Sprachen übersetzen, KI als Schauspielerin synchronisiert sich selbst, KI als Komponistin kann ihre Lieder problemlos dem Musikgeschmack unterschiedlicher Kulturen anpassen, und KI als Malerin schafft Bilder auf Zuruf und in jedem gewünschten Stil. Und das überzeugender, als es jede:r geniale menschliche Kunstschaffende je könnte.

Das alles natürlich nur, wenn bezahlt wird. Das Bild des armen Poeten im Sinne des Gemäldes von Carl Spitzweg als Metapher für den Kunstschaffenden, der für seine Kunst leidet, wird für viele Künstler:innen zur tragischen Lebenswahrheit. Gegen den KI-generierten Kitsch wird sich Kunst immer seltener behaupten können. Ver- und gekauft wird, was gefällt. Und das ist größtenteils Kitsch – künftig KI-generiert.

Diese kulturpessimistische Aussicht resultiert weniger aus einem bewussten Streben, der Kultur in ihren mannigfaltigen Ausformungen den Garaus zu machen. Diese düsteren Visionen sind vielmehr die logische Konsequenz des Kapitalismus. Kapitalismus ist wesenhaft auf Gewinnstreben ausgerichtet, der kapitalistisch denkende Mensch ist durch dieses System gezwungen, seine Aktionen zu monetarisieren. In diesem System wird auch Kunst zur Ware, weil sie nur dadurch marktfähig wird: Der künstlerische Impetus, die kunstvolle Ausgestaltung eines Werkes reduzieren sich auf Angebot und Nachfrage. Ob Bild, Musik oder Lektüre – gut ist, was sich gut verkaufen lässt. Ob beispielsweise die Thriller von Sebastian Fitzek von höherem literarischen Wert sind, mag dahin gestellt bleiben, ihr Verkaufswert ist unbestritten. Mit mehr als zwölf Millionen verkauften Exemplaren überragt der Thriller-Autor den deutschen Buchmarkt. Außerdem hat er die Vermarktung seiner Werke längst mit einem gewinnbringenden Merchandising kombiniert, was viele als gewinnsteigernden Verkaufsweg für künftige Bücher halten. Um es noch einmal deutlich zu sagen: Diese Tendenz, Kunst zu verramschen, ist keinem kunstfeindlichen höheren Plan geschuldet, sondern logische Konsequenz dessen, was Adam Smith als »unsichtbare Hand« bezeichnet hat. So wirkt Kapitalismus. Es wird in der Kunst- und Kulturbranche ähnlich ablaufen, wie in anderen Bereichen wirtschaftlichen Handelns: Einige wenige Monopolist:innen beherrschen den Markt, kleinere Akteur:innen werden verdrängt oder verschluckt.

Wird diese Tendenz zum Sargnagel der freien Kunst und des kreativen Künstlertums? Nicht zwangsläufig. Der »Kunsttrieb« des Menschen ist Bestandteil seines Spieltriebes. Bereits Maslow hat diesen Trieb in seiner Bedürfnispyramide unter die menschliche Selbstverwirklichung gefasst und ganz oben angesiedelt. Kunst ist demnach dem Menschen ebenso lebenswichtig wie Essen oder Sicherheit, ohne Kunst kann sich der Mensch nicht in seinem vollen Menschsein entfalten.

Es ist dieser Kunsttrieb, der sich am Urmenschen in der Höhlenmalerei oder Knochenflöte nachweisen lässt. Selbst unter widrigsten Kriegsbedingungen, selbst im finstersten Verlies hat es Menschen gedrängt, Kunst zu schaffen. Dieser Kunstdrang beginnt im Kleinkindalter, bereits vor dem ersten Wort wird gezeichnet, grimassiert und gesummt.

Besonders eindrücklich wirkt dieses Kunststreben bei Menschen mit kognitiven Behinderungen. Auch wenn es Jahrzehnte gedauert hat, bis deren künstlerisches Schaffen am Kunstbetrieb teilhaben durfte, sind inzwischen Ausstellungen, Sammelbände und Alben von Menschen mit Behinderung entstanden. Wir sehen: Egal welches Alter, welches sozioökonomische Milieu oder welche sonstigen persönlichen oder gesellschaftlichen Prämissen vorliegen, Menschen ist es ein Bedürfnis, sich künstlerisch zu artikulieren. Das war schon immer so, auch wenn manchen Kunstwerken lange Zeit eine gesellschaftliche Akzeptanz versagt geblieben ist. Umso bereichernder wirkt ihre Aufnahme in den Kunstbetrieb, bringt sie doch neue Aspekte und überraschende Themenstellungen in das Kulturmilieu ein.

Dieser Kunsttrieb des Menschen gibt Anlass zu kulturoptimistischer Haltung. Wenn es der Mensch bislang verstanden hat, mit angekohlten Ästen, bunten Mineralien oder klingenden Metallscheiben Kunst herzustellen – warum sollte er das nicht auch mit KI schaffen?

Wenn wir also von den Folgen von KI auf den Kunstbetrieb sprechen, geht es nicht um das individuelle Kunstschaffen mithilfe von KI. KI als reines Tool zum Kunstschaffen ist per se, genauso wie alle anderen Hilfsmittel auch, zunächst indifferent. Ob Pinsel oder Flöte – es liegt am Kunstschaffenden, sie zur Umsetzung seiner kreativen Vorstellungen einzusetzen.

Es liegt an Politik, Gesellschaft und Wirtschaft festzulegen, wie Pinsel, Flöte oder KI eingesetzt (und die dadurch generierten Werke verkauft und vermarktet) werden. Denn auf gesellschaftlicher Ebene kann dieser KI-Einsatz Folgen haben, die wir bereits heute ansprechen müssen, wenn wir ein künftiges böses Erwachen vermeiden wollen.

Einer der sublimeren Verwendungszwecke von KI-generierter »Kunst«, also von Kitsch, ist deren Einsatz zur Konsumsteigerung. Dabei ist dieser Kitsch nicht selbst Ware, sondern wird zum ästhetischen Whitewashing, quasi als trojanisches Pferd, zur Verkaufssteigerung anderer Produkte eingesetzt. Das sportliche Auto für junggebliebene Fahrende wird zum Beispiel in einem Spot beworben, der mit rasantem Fahrstil, Cloud Rap und »Jugendworten« jene Lebenswelt widerspiegelt, in der potenzielle Käufer:innen sich selbst gerne sehen. Durch KI könnten diese Spots leichter produziert, passgenau der richtigen Kundschaft präsentiert und auf einer Vielzahl von Kanälen ausgespielt werden. Banken biedern sich in ihrer Werbung durch Gemälde und Bilder bei den potenziellen Kund:innen an, indem sie für die Gen Z Graffiti, für Boomer Bauhaus-Stil im Portfolio haben, die sie durch KI speziell für diese Zwecke erstellen und anpassen lassen. Jede:r Käufer:in erhält KI-gesteuert einen individuell zugeschnittenen Spot.

Was vormals die Kaufhausmusik gewesen ist, wird zum Kauferlebnis ausgebaut. Psycholog:innen haben festgestellt, dass durch entsprechende Musik der Herzschlag potenzieller Käufer:innen verlangsamt wird, sich deren Körperhaltung und psychischer Habitus entspannen und dadurch die Vernunftbarriere umgangen wird, die vor unüberlegten, spontanen

Kaufentscheidungen schützt. Dem Sirenengesang herzschlagangepassten Hintergrundgedudels hat die *ratio* wenig entgegenzusetzen. Soweit die Gegenwart.

Künftig wird uns durch KI ein komplettes Kauferlebnis geboten. Dadurch, dass wir nicht mehr zu Fuß durch Kaufhäuser und Fußgängerzonen spazieren, sondern den Großteil unserer Käufe online tätigen, muss uns Konsumierenden ein neues Erlebnis geboten werden. Glücksgefühle durch Mausklick. Doch wie?

Es findet in der Bubble statt. Von Filterbubbles ist im Zusammenhang mit KI andauernd die Rede – bei Wahlen, in Social Media und eben beim Einkaufen. Die Bubble stellt jene Blase dar, in der sich der Mensch im Internet mit Gleichgesinnten vor dem restlichen Netz abschottet. In dieser Bubble fühlt er sich wohl, seine Meinung wird geteilt, die anderen entstammen dem gleichen sozioökonomischen Milieu, alle haben den gleichen Sprachduktus, kurzum: Man bleibt unter sich. Das passiert zwar irgendwie freiwillig – irgendwann aber nicht mehr. Denn KI wirkt wie eine semipermeable Membran, oder auf Deutsch: wie ein halbdurchlässiger Filter. Alles, was von außen auf die Bubble einströmt, wird aussortiert, wenn es nicht mit den Ansichten, Werten oder Gepflogenheiten der Bubble-Bewohner:innen übereinstimmt. Linke Großstädter:innen, die sich für ökologische Landwirtschaft interessieren, bleiben zum Beispiel auf Twitter genauso unter sich wie konservative Schwarzwälder Landwirte auf Facebook, die für traditionelle Landwirtschaft plädieren.

In diesen Bubbles kommt es zum sogenannten Echokammer-Effekt. Die Filter erzeugen eine verzerrte Wahrnehmung des gesamten Meinungsspektrums, die die eigenen Meinungen verstärkt, gegenteilige hingegen ausblendet. Die Bubble-Bewohner:innen leben schließlich in ihrer eigenen Welt – ohne sich dessen bewusst zu sein. Der rechtsradikale Instagramer wird jeden Tag mit so vielen Likes, geteilten Inhalten und Kommentaren Gleichgesinnter überschwemmt, dass er schnell davon ausgeht, dass seine Meinungen eine adäquate Repräsentation des gesamten Meinungsspektrums darstellen. Gegenteilige Ansichten können dann einfach als Fake oder woke Spinnerei abgetan werden. Das ist gefährlich. Nicht nur für die jeweiligen Individuen, sondern für die Gesellschaft insgesamt. Die Partikularinteressen wirken wie Zentrifugalkräfte auf die Gesellschaft. Diese gesamtgesellschaftlich negativen Folgen nimmt die Wirtschaft gerne in Kauf, da sie an den Bubbles gut verdient. Wer sich in seiner Meinung bestärkt sieht, bleibt länger auf der jeweiligen Plattform, und das ist gut für deren Marktwert, weil attraktiv für Werbetreibende. Als Faustformel gilt: Gleiche Meinung fördert den Absatz gleicher Produkte. Matchapulver verkauft sich besser an die 20-jährige vegane Berlinerin als an den 70-jährigen Ruhrpottler aus Bochum.

Die Algorithmen, die die Selektion und Zuordnung zu den verschiedenen Bubbles vornehmen, sind heute bereits größtenteils KI-gesteuert – und werden das in Zukunft noch erheblich mehr sein. Durch KI lässt sich zielgenau bestimmen, wem in welchem Kontext welche Werbung angezeigt wird. Einen nicht zu unterschätzenden Anteil an dieser zielgruppenspezifischen Orientierung wird jenem Kitsch zukommen, mit dem quasi Augen und Ohren der potenziellen Kundschaft für die Kaufentscheidung voreingenommen werden. Wenn KI potenzielle Käufer:innen in einer Bubble ausgemacht hat, wird sie zum Kauf bubblegerechter Produkte animieren: Kitsch als Verkaufsvehikel.

Gesellschaftlich gefährlich wird KI-Kitsch in seiner Bubble-Wirkung dann, wenn damit politische, wirtschaftliche oder sonstige gesellschaftliche Informationen – oder Desinformationen – transportiert werden.

8 KI-Kitsch und Verführung – Der politische Sirenengesang

»Der lügt wie gedruckt!« Dieser Vorwurf wird zuweilen bezogen auf Politiker:innen erhoben, die es mit der Wahrheit weniger genau nehmen. Immerhin: Sie lügen noch selbst. Heute kann man dank KI lügen lassen. Täglich werden wir mit Informationen überhäuft, die als »Fake News« über Bots verbreitet werden – oder, wie es die Franzosen elegant formulieren: *corriger la fortune* als Grundlage des neuen kommunikativen Miteinanders.

Neu ist das nicht, gelogen wurde schon immer: Ob das trojanische Pferd, die Konstantinische Schenkung oder Ulbrichts Mauerbau – Menschen haben es schon immer verstanden, Kommunikation zum eigenen Vorteil und zum Nachteil der Wahrheit zu formen.

Dass KI heute schneller und besser lügt, ist hinlänglich bekannt und belegt. Es gibt zahllose Fälle, in denen KI Menschen übertölpelt hat, weil sie Zusammenhänge schneller herstellt und dadurch ihren Lügen höhere Plausibilität verleiht. Menschliche Lügen haben sprichwörtlich kurze Beine, die der KI laufen auf Stelzen.

KI schafft es leicht, den Menschen zu täuschen, weil der kaum in der Lage ist, den Wahrheitsgehalt dieser Fake News zu überprüfen, sprich: in solche Zusammenhänge zu stellen, dass deren Unwahrheit offensichtlich wird. Zudem weist das KI-Lügen eine neue Dimension des Lügens auf: Noch nie war es möglich, so schnell so viel zu lügen und diese Lügen so breit zu streuen.

Weniger bekannt ist hingegen die Rolle, die KI in der Kommunikation nicht nur auf der Sender-Seite, sondern zugleich auf der Empfänger-Seite einnehmen kann. Was sich akademisch kompliziert anhört, ist im Grunde recht simpel.

In den 40er-Jahren des vergangenen Jahrhunderts haben die amerikanischen Kommunikationswissenschaftler Claude E. Shannon und Warren Weaver die Art und Weise untersucht, wie Menschen miteinander kommunizieren. Dabei haben sie ein Modell formuliert, das sie analog zum damals verbreiteten Radiohören als Sender-Empfänger-Modell benannt haben. In jedem Gespräch sendet ein Sprechender wie der Radiosender Informationen aus, die sein Gegenüber wie der Radio Empfangende aufnimmt. Die Rolle von Sender und Empfänger wechselt im Gespräch laufend hin und her, alle Gesprächsteilnehmer:innen sind abwechselnd mal das eine, mal das andere.

In den 50er-Jahren des vergangenen Jahrhunderts hat der ebenfalls in den USA wirkende Sozialpsychologe Salomon Asch ein anderes Verhaltensmuster des menschlichen Miteinanders untersucht: den Gruppenzwang. Was Gruppenzwang im Alltag bedeutet, hat sicherlich jede:r von uns bereits erfahren. Ob die Baggy Jeans, der gemähte Vorgarten oder das Vereinstrikot in der Fankurve – wer sich diesem sozialen Zwang entziehen will, läuft Gefahr ausgegrenzt zu werden. Warum? Jede Gruppe drängt darauf, dass sich Einzelne dem Verhalten der Gruppenmehrheit anpassen, weil das die Gruppenzusammengehörigkeit stärkt.

Asch wollte wissen, wie stark sich dieser Gruppenzwang auswirkt, und hat dafür ein recht simples Experiment entwickelt, das in die Psychologiegeschichte eingehen sollte. An einem Konferenztisch sitzen mehrere Personen – alles eingeweihte Mitspieler:innen. Asch führt nun eine Testperson in den Raum und gibt der Gruppe die Aufgabe, eine Referenzlinie mit drei Vergleichslinien hinsichtlich der Strichlänge zu vergleichen. Eine der Vergleichslinien ist deutlich kürzer, die andere deutlich länger als die Referenzlinie und die dritte offensichtlich gleich lang. Die eingeweihten Versuchsteilnehmer:innen einigen sich auf eine der augenscheinlich von der Referenzlinie abweichenden Linien als gleich lang und bitten die Testperson um ihre Meinung. Obwohl Letztere diesen Fehler erkennt, bestehen lediglich 25 % der Testpersonen auf ihrer – objektiv richtigen – Meinung. 75 % der Testpersonen beugen sich dem vermeintlichen Gruppenzwang und schließen sich der falschen Mehrheitsmeinung an.

Aber was haben Shannon und Weavers Sender-Empfänger-Modell und Aschs Konformitätsexperiment mit KI zu tun? Mehr als wir ahnen.

KI kann nicht nur auf der Sender-Seite mit Fake News Lügen verbreiten, sie vermag es auch, diesen Lügen auf der Empfänger-Seite eine höhere Akzeptanz zu verschaffen. Dafür erzeugt KI künstliche Gesprächsteilnehmer:innen, die diese Lügen bzw. Fake News bestätigen und andere Teilnehmer:innen damit, wie im Konformitätsexperiment gezeigt, sozial unter Druck setzen: Weil scheinbar so viele Gesprächspartner:innen zustimmen, muss es wahr sein. Damit schafft

KI in der Kommunikationstheorie etwas Einmaliges: KI wirkt als Senderin, also Verbreiterin von Fake News und zugleich als Empfängerin dieser Fake News. Wenn KI in digitalen Gesprächssituationen realen Menschen gegenübertritt, können die nicht wissen, ob eine geäußerte Meinung von einem anderen Menschen stammt oder KI-generiert ist. Zugleich bleibt der reale Mensch im Ungewissen darüber, ob die Zustimmung oder Ablehnung, die diese geäußerte Meinung erfährt, von realen Personen stammt oder ob sie nicht ebenfalls KI-generiert ist. Wie das in der Praxis funktioniert, hat uns das vermeintliche Schicksal des Mädchens »Lisa« vor Augen geführt, deren Entführung sich russische Geheimdiensttrolle erdacht haben. In diversen Chatrooms mit immer weiteren Lügen in ihrer Plausibilität verstärkt, durch vermeintliche Augenzeug:innen belegt und von anderen Social Media- und Chatteilnehmer:innen bestätigt, hat diese simple Lügengeschichte eine Wirkung entfacht, die politische Vertreter:innen und Ämter zum Handeln gezwungen hat. »Lisas« Geschichte wurde zu einem erheblichen Teil dadurch plausibel, dass sie durch von KI gestreuten Aussagen laufend bestätigt, geteilt und kommentiert worden ist. Reale Menschen, die am Schicksal »Lisas« Anteil genommen haben, sind an der Nase herumgeführt, ihre Anteilnahme ist (politisch) missbraucht worden.

Was hat das mit Kunst zu tun? Bereits die Verbreitung mittelalterlicher Pamphlete durch die damals neue Drucktechnik hat Kunst politisch instrumentalisiert, indem sie auf die Macht des Bildes gesetzt hat. Einen fragwürdigen

Höhepunkt dieser Macht stellt das »Dolchstoßplakat« der Deutschnationalen Volkspartei nach dem Ersten Weltkrieg dar, auf dem die Sozialdemokratie als Grund für den verlorenen Krieg ausgemacht worden ist. Auf dem Plakat wird einem uniformierten Wehrmachtssoldaten ein Dolch in den Rücken gestoßen, der Mörder ist maskiert und rot koloriert, um ihn als feigen Sozialdemokraten auszuweisen. Dieses Plakat wurde so populär, dass selbst Wladimir Putin während seines Ukrainekriegs den Aufstand Jewgeni Wiktorowitsch Prigoschins als feigen Dolchstoß bezeichnet hat.

Aber nicht nur das Bild, auch das Wort und die Musik sind ideale politische Manipulatoren. Über die Wirkung der Losung der Französischen Revolution »Liberté, Égalité, Fraternité«, die zum Leitbild der amerikanischen Unabhängigkeitsbewegung und zum Totengräber des royalistischen Europas geworden ist, gibt es zahllose wissenschaftliche Veröffentlichungen. Nicht nur an diesen Beispielen lässt sich die politische Macht von Wort und Bild exemplarisch aufzeigen.

Nicht minder mächtig kann Musik sein. Ob die revolutionäre *Marseillaise* oder der patriotische Gefangenenchor aus Giuseppe Verdis *Nabucco* – es sind Musikstücke, die die politische Welt bewegt haben. Heute erleben wir diese Macht der Musik nicht nur im Fußballstadion oder beim Staatsbesuch, sondern auch als klangliche Einheit Europas durch Beethovens 9. Symphonie.

Stellen wir uns die politische Wirkmacht vor, die Kunst bislang gezeigt hat, dann wird schnell klar, welche Möglichkeiten sich auftun, sobald KI ins Spiel gebracht wird. KI kann besser als jeder Mensch die manipulative Wirkung von Bild, Wort und Klang perfektionieren – und verbreiten. Es wäre längst angebracht, explizit diese Manipulationsmöglichkeiten öffentlich aufzuzeigen und gesetzgeberisch einzuzäunen. Dass das bislang kaum erfolgt, könnte sich in Zukunft verheerend auf politische Entscheidungsfindung und Gesamtgesellschaft auswirken.

Die omnipräsente Verfügbarkeit manipulierender Informationen im Gewand des Kitsches steigert deren Wirkung dadurch, dass sie permanent wiederholt werden. Dabei spielt auch der sogenannte »Illusory Truth Effect« eine Rolle. Dieser beschreibt das psychologische Phänomen, dass Aussagen, die oft wiederholt werden, eher als wahr eingeschätzt werden als Aussagen, die seltener gehört wurden. KI-gesteuerte Fake News können auch zu einer Verstärkung des Illusory Truth Effects beitragen.

Im Prinzip basiert diese Wirkung aber auch auf dem, was als NLP, Neuro-Linguistisches Programmieren, bezeichnet wird. Darunter versteht man eine durchaus umstrittene »Therapiemöglichkeit«, die von Richard Bandler und John Grinder in den 1970er-Jahren entwickelt worden ist. Im Prinzip ist damit gemeint, dass dem Gehirn immer und immer wieder Vorgetragenes einprogrammiert wird. Inwiefern dies wissenschaftlich bestätigt und daher ernstzunehmen ist, sei an dieser Stelle dahingestellt. Aber der Gedanke dahinter kann uns für unsere Frage weiterhelfen: Denn nach Bandler und Grinder führt diese Programmierung letztendlich dazu, dass sich das Verhalten der Programmierten entsprechend modifizieren lässt. NLP ist in den 70ern dermaßen gehyped worden, dass es sogar Eingang in die Kriminalliteratur gefunden hat. Das Rezept war einfach: Programmiere eine unbedarfte Person um, und sie wird quasi ohne ihr Zutun zur mordenden – bei Anruf Mord. Auch wenn sich NLP nicht als jene Wundertherapieform herausgestellt hat, für die sie zunächst gehalten worden ist, und es in der Psychologie keine Rolle mehr spielt, hat es historisch weit zurückreichende Vorbilder. So sind etwa seit Jahrhunderten den angehenden Mönchen in buddhistischen Klöstern oder jungen Koranschüler:innen die heiligen Texte durch wiederholtes monotones Rezitieren eingebläut worden. Das hat funktioniert: Das dermaßen eingehämmerte heilige Wort hat letztlich zu erwünschtem frommen Handeln geführt. Die Wirkung von Mantras und Manifestationen hat auch heute nicht nur im Yogastudio und auf TikTok Konjunktur.

Durch KI-Kitsch kann in neuer Quantität, d. h. in nie zuvor dagewesenem Umfang, erreicht werden, dass durch mantramäßig wiederholte manipulative Informationen Menschen beeinflusst werden, ohne zu ahnen, was ihnen widerfährt. Im Zweifelsfalle wird die inkriminierende Information als Begleittext süßen Katzengemälden untergejubelt. Erfolgen diese Manipulationen in größerem Umfang und über einen längeren Zeitraum hinweg, dann bewirkt dieses Quasi-NLP eine Habitus-Veränderung. Die Betroffenen werden dazu gebracht, nicht nur Fake News zu akzeptieren, sie passen auch ihre Wertmaßstäbe der Manipulation an. Die Folgen dieses manipulierten Habitus' sind gravierend. Wie

Corona-Infizierte unwissentlich andere infiziert haben, so bewirkt die KI-Manipulation, dass Menschen im Sinne ihres Manipuliertseins handeln, ohne zu wissen, dass sie manipuliert worden sind, die manipulierende Information wird als eigene Wahrheit erlebt und vertreten.

Die durch KI möglichen Gefährdungen, die von manipulierendem Kitsch, aber auch von genuiner Kunst, im Bereich des Politischen ausgehen, werden heute nach wie vor ignoriert. Dabei sind sie längst Realität geworden. Deshalb lautet das Gebot der Stunde: Augen auf!

Wehrhafte Demokratien müssen sich nicht nur gegen Bomben und Raketen verteidigen können, sie müssen auch gegen KI-Manipulationen gewappnet sein, die im Gewande von Kunst bzw. als Kitsch daherkommen. Es liegt im Wesen des Demokratischen, dass die Macht des Volkes eine Vielfalt an Meinungen hervorbringt. Verantwortungsvolle Politik in demokratischen Systemen bedeutet daher, einerseits den Meinungspluralismus zu tolerieren und zu verteidigen, andererseits aber auch, zersetzende und die Demokratie gefährdende Informationen als solche zu brandmarken und falls möglich zu verhindern: Die Bürger:innen müssen informiert, dürfen aber nicht angelogen werden. Die Wahrheit ist eine wichtige Voraussetzung dafür, dass mündige Bürger:innen am demokratischen Geschehen teilhaben können und eigene Positionen einzubringen vermögen. Schließlich lebt die Demokratie von der Teilhabe der Bürger:innen.

Um die möglichen negativen Auswirkungen von KI-generiertem Kitsch auf die politische Bürger:innen-Beteiligung in Demokratien möglichst gering zu halten, hilft Aufklärung. Unter dem Aspekt des *cui-bono*-Prinzips betrachtet, also der Frage danach, wer einen Vorteil davon haben könnte, können politisch Engagierte relativ schnell und sicher erkennen, dass das allzu gefällige Bild oder der eingängige Ohrwurm dazu dienen, ihr Engagement zu missbrauchen. Missbraucht wird dazu auch die KI, mit der diese mentale Malware gebastelt worden ist.

Natürlich wird künftig auf KI im gleichen Maße auch zur Aufdeckung dieser politischen Manipulationsversuche zurückgegriffen werden können. Wie KI heute bereits den größten Teil jener Plagiate erkennt, die per *Copy and paste* oder ChatGPT zustande gekommen sind, so wird uns – hoffentlich – KI vor jenem Kitsch bewahren, der mittels KI geschaffen worden ist: Im Wettstreit »gute KI« gegen »schlechte KI« bleibt der urteilende Mensch Schiedsrichter.

Man könnte jetzt einwenden: Das ist reine Schwarzmalerei! Die Wahrscheinlichkeit, dass diese fast schon dystopischen Ängste eintreffen, ist heute noch reine Spekulation. Stimmt. Aber wir sollten diese Möglichkeit heute bereits ins Auge fassen, um präventiv alle erforderlichen Maßnahmen treffen zu können, die verhindern, dass sie Realität wird. Dann nämlich wäre es dazu zu spät. Deshalb müssen wir Philosoph:innen unseren Elfenbeinturm verlassen und die Verantwortlichen in Politik und Gesellschaft auch für die negativen Folgen des KI-Einsatzes sensibilisieren. Im aktuellen Fokus stehen Fake News; die Möglichkeiten zur Manipulation mittels KI, die sich im Bereich von Kunst und Kitsch auftun, finden hingegen bislang eher weniger Beachtung.

9 Geschmackssache – Verdirbt KI unser ästhetisches Empfinden?

Philosophisch betrachtet hat Kant mit seinem Kunstbegriff recht behalten: Was Kunst sein soll, kann nur aus der Perspektive des schaffenden Individuums und unter dem Aspekt der Freiheit beurteilt werden. Das haben wir in den vorherigen Kapiteln so behauptet – und hoffentlich überzeugend dargelegt.

Die meisten Menschen sind aber keine Philosoph:innen. Ihr Urteil darüber, was als Kunst gelten kann, kommt auf anderem Wege zustande: Kunst ist, was gefällt. Auch wenn Kant auf die Tücken des von ihm sogenannten »ästhetischen Geschmacksurteils« hingewiesen hat, schert sich heute kaum noch jemand außerhalb philosophischer Seminarräume darum.

Dabei entfaltet das, was als schön wahrgenommen wird, eine nicht zu unterschätzende Wirkung. Ob als Nagellack-Empfehlung der Influencer:in, ob als Idol des muskelgestählten Fitnessgurus oder als der böse (Scheinwerfer-)Blick des angesagten Autodesigns – es sind diese Schönheitsideale, die Gegenstände zu Must-haves werden lassen. Die soziale Einbindung dessen, was eine Gesellschaft für schön hält, ist spätestens seit der Antike nachweisbar – unter anderem mit jener römischen Kleiderordnung, die die mit Purpur eingefasste Toga Praetexta ausschließlich hohen Würdenträgern vorbehalten hat: Schönheit wird politisch. Rassistische Schönheitsideale, kulturell-ästhetische Aneignungen, *pretty privilege* oder (Design-)Statussymbole haben immer dazu gedient, gesellschaftliche Schichtungen hervorzurufen oder zu zementieren. Ob das Purpurrot in der Kleidung, das mittelalterliche Frauenideal nobler Blässe oder die überlangen Fingernägel chinesischer Hofdamen – sie alle verkörpern nicht nur ein Schönheitsideal ihrer Zeit, sondern zugleich soziale Schranken.

Es ist deshalb kein Zufall gewesen, dass die Citoyens der Französischen Revolution als eine der ersten Amtshandlungen eine Kleiderordnung erlassen haben, Adel und hoher Klerus sollten sich nicht länger durch protzige Kleidung hervortun können. Im Anschluss ist das Kleiderprivileg zwar rechtlich abgeschafft, de facto jedoch durch das kapitalistische Markenprivileg ersetzt worden: Zeig mir, welche Markenhose Du trägst, und ich sage Dir, welchem sozialen Milieu Du angehörst. Dabei kommt es nicht nur darauf an, *welche* Hose man trägt, sondern auch *wie*. Der neureiche Parvenu mag sich die teuerste Hose zulegen, dennoch werden die anderen Angehörigen des Establishments an seinem Habitus schnell bemerken, dass er nicht in die Hose hineingeboren worden ist. Das perfide daran: Die Grautöne in Ästhetik und Geschmack sind in jeder Gesellschaftsschicht genau austariert, ästhetische Fettnäpfchen lauern überall – und bewirken soziale Ausgrenzungen.

Am Beispiel der Kleidung lässt sich ablesen, dass das gesellschaftliche Schönheitsideal schon immer über das Private hinaus wirkmächtig gewesen ist. Was als schön gilt, hat stets auch Ausstrahlungen ins Politische, Wirtschaftliche und

Ökonomische, Schönheit wirkt in die gesamte Gesellschaft hinein – und das zumeist unterschwellig.

Doch was hat das mit Kunst zu tun? Kunst ist zunächst seit dem aufgeklärten Bürgertum primäres Statussymbol: Was heute der metallic Jeff Koons-Pudel ist, war vor einem runden Jahrhundert Edvard Munchs expressionistischer *Schrei*. Wer es sich leisten kann, will ein angesagtes Kunstwerk erwerben, weniger zahlungskräftige Zeitgenossen müssen zumindest über diese Werke Bescheid wissen, um nicht als völlige Kunstbanausen dazustehen. Auch wenn sich das Schönheitsideal in der Kunst von Epoche zu Epoche und Kunstrichtung zu Kunstrichtung gewandelt hat, so ist die soziale Bedeutung der Kunst stets gleich geblieben: Nur wer sich die Kunst seiner Zeit (und der davor) leisten und darüber mitsprechen kann, gehört dazu. Das Schöne der Kunst wird im gesellschaftlichen Alltag zum Ab- und Ausgrenzungskriterium. Dabei bleibt das Schönheitsideal der jeweiligen Zeit nicht nur auf deren Kunstwerke begrenzt, es strahlt auch in andere soziale Räume, etwa Mode, Interieur, Sprache oder politische Gesinnung, aus.

Ästhetisches Empfinden und Schönheitsideal sind zeitgebunden. Zeitlos hingegen ist die (ur)menschliche Sehnsucht nach dem Schönen selbst. Wir Menschen sind die einzigen Lebewesen, die diesen Drang aufweisen. Nur wir Menschen können über deren banale Funktionalität hinaus Dingen einen Wert zubilligen, der lediglich ihrem Schönsein entspringt. Der Hund findet Gefallen ausschließlich an der realen Wurst – der Mensch kann auch der gezeichneten Wurst etwas abgewinnen. Nur wir Menschen können daher unsere Umwelt, unsere Gegenüber und uns selbst unter dem Aspekt des Schönen beurteilen, einzig der Mensch kann zweckfreie Schönheit genießen, weil ihm dieser Genuss Bedürfnis ist.

Diese ästhetische Determiniertheit des Menschen eröffnet ihm einerseits einen einzigartigen und von keinem anderen Lebewesen geteilten Blick auf die Welt, verleiht ihm andererseits aber auch eine Anfälligkeit, die er ebenfalls mit keinem anderen Lebewesen teilt. Nur der Mensch lässt sich durch Schönheit blenden und manipulieren: Es war die Schönheit Pandoras, die die Menschen in der sprichwörtlich gewordenen Parabel dazu verführen sollte, die unheilvolle Büchse zu öffnen (auch wenn sie die Büchse dann schlussendlich selbst geöffnet hat).

Wir erinnern uns: Kunstunterricht anno 2084. Auf ihrem virtuellen Rundgang erfahren die Schüler:innen der 8b, dass Claude Monet das Bild *Seerosenteich* gemalt hat. Kichernd fragt eine Schülerin, ob Monet die Beta-Version einer KI war, da das Bild so schlecht gemalt sei: lauter Punkte, blasse Farben, keine räumlichen 3D-Effekte.

Diese wunderbaren Seh-, Fühl- und Riechbilder, die die Schüler:innen der 8b gewohnt sind, sind nicht nur bezaubernd schön, sondern auch süßes Gift: Weil sie den Sinnen der Betrachtenden schmeicheln, wie Schokolade ihrem Gaumen, verändert sich im Genuss der Geschmack. Das Widerstreitende, Sperrige oder Verstörende, das jedem großen Kunstwerk innewohnt, wird einem eingängigen Wohlfühlgefühl geopfert. Damit vollzieht sich peu à peu ein Geschmackswandel, die Kunstkonsumierenden verlieren ihre ästhetische Urteilsfähigkeit.

Wodurch soll das geschehen? Durch den zunehmenden Einsatz von KI. Erst KI vermag es, sich dem Geschmack der Konsumierenden bei der Erschaffung von »Kunstwerken« dermaßen anzupassen, dass im Verlauf dieses Anpassungsprozesses der Geschmack selbst verändert wird – der Übergang von Kunst zu Kitsch erfolgt unmerklich. KI-Kitsch-Werke, z. B. durch KI-generierte Bilder, haben fast alle eines gemeinsam: ihre Ästhetik. Menschliche Körper sind dem aktuellen Schönheitsideal angepasst, die Farben oft grell und übersättigt, die immer gleichen stereotypen Motive werden mit nur geringen Abweichungen repetitiv wiedergegeben. Das heißt, wenn wir KI immer weiter »alleine« Kitsch produzieren lassen, dann verändert dieser Kitsch letztlich unseren Geschmack. Das Allgegenwärtige, das oft Gesehene, das immer Ähnliche prägt unsere Wahrnehmung und damit unser ästhetisches Urteilsvermögen, irgendwann werden wir Menschen selbst verkitscht. In dem Maße, in dem wir dieses ästhetische Urteilsvermögen verlieren, verlieren wir den Zugang zur wahren Kunst und damit zur wahren Schönheit. Es besteht die Gefahr, dass der verkitschte Mensch nicht länger im Stande sein wird, das von Künstlerhand geschaffene Werk zu dechiffrieren, zu begreifen und damit zu genießen: Wer zu lange Brei gelutscht hat, verliert den Biss.

Damit wir uns nicht falsch verstehen: Bei jener Kunst, die mithilfe von KI geschaffen worden ist und bei der ein kreativer Mensch in künstlerischer Freiheit zusätzlich schöpferisch tätig geworden ist, besteht diese Gefahr nicht. Es bleiben menschlich geschaffene Kunstwerke. Auch dort, wo menschliche Künstler:innen in der Lage sind, KI-generierten Kitsch auf eine Metaebene zu bringen, ihn künstlerisch zu entfremden oder neu zu interpretieren und ihm dadurch einen genuin kreativen Impetus mitzugeben, handelt es sich um Kunst: Es ist diese menschliche Kreativität, die nicht nur Kunst von KI-Kitsch scheidet, sondern darüber hinaus KI-Kitsch zu Kunst adeln kann.

Beispiel Gartenzwerg: Es ist KI möglich, Gartenzwerge in beinahe beliebiger Menge, Ausstattung und Ausgestaltung zu designen. Allerdings: Ob KI die Gießkanne des Zwerges durch eine mongolische Maultrommel oder eine unreife Pflaume ersetzt – es bleibt Kitsch, weil diese Kombination ideen- und bezugslos erfolgt. Verbindet sich mit dieser Kombination jedoch eine künstlerische Aussage – und dazu ist KI eben nicht fähig –, dann wird die gleiche Objektkombination zum Kunstwerk. Es sind die sozialen, politischen oder persönlichen Bezüge, die künstlerische Aussagen manifestieren und damit die kreative Voraussetzung dafür bilden, dass der Gartenzwerg mit unreifer Pflaume durchaus Anspruch erheben darf, als Kunstwerk ernstgenommen zu werden. Wofür Gartenzwerg und grüne Pflaume im Einzelnen stehen, bleibt der Werkinterpretation durch die Betrachtenden überlassen. Steht der Gartenzwerg etwa für das spießige Bürgertum, geistige Kleingärtnerei oder soziale Zwänge? Verkörpert die noch nicht gereifte Pflaume die Hoffnung auf eine bessere Zukunft, gesellschaftlichen Fortschritt oder persönliches Potenzial, das noch nicht ausgeschöpft ist? Es ist das Kaleidoskop der interpretatorischen Möglichkeiten, das die Schönheit des Kunstwerks und seinen intellektuell-ästhetischen Reiz ausmacht. Und diese spielerische Andeutung unterschiedlichster Deutungsmöglichkeiten ist es, die KI nicht hat: KI bleibt stets eindeutig, nur Kunstschaffende beherrschen das Spiel mit der Mehrdeutigkeit.

KI-Kitsch kann diesen Zusammenklang der Vieldeutigkeiten nicht leisten. Damit verliert der Mensch, dessen ästhetisches Empfinden durch diesen Kitsch abgestumpft wird, die Möglichkeit, diese belebende Mehrdeutigkeit des genuinen Kunstwerkes aktiv zu erleben. Darin besteht die größte Gefahr durch KI-Kitsch: dass sie den Menschen den Sinn für das wahre Schöne im Kunstwerk und das ästhetische Geschmacksurteil raubt.

10 Mal angenommen ...

Als die ersten Raketenforschenden davon geträumt haben, dass der Mensch eines Tages den Mond betreten werde, sind sie bestenfalls ausgelacht worden. Heute planen wir die Besiedelung des Mars, und die Menschen halten das nicht nur für möglich, sondern viele sogar für notwendig. Es sind stets Visionen gewesen, die als Fixpunkte menschlichen Strebens Wege in die Zukunft gewiesen haben. Und das Beschreiten dieser Wege hat Neuerungen und Fortschritte mit sich gebracht, die vormals undenkbar waren. Warum sollen wir also nicht auch einen Blick in die Zukunft der Kunst im Zeitalter von KI wagen?

Wenn wir von dem ausgehen, was Künstler:innen, Informatiker:innen und Neurowissenschaftler:innen über das Zusammenwirken von KI und menschlichem Gehirn heute prognostizieren und diese Prognosen auf den Bereich der Kunst übertragen, dann tun sich spannende Perspektiven – ehrlicherweise sollten wir eher von Visionen sprechen – für die Zukunft der Kunst auf.

Theoretisch betrachtet resultieren die Anfänge der Kunst aus dem Bestreben des Menschen, vom gegebenen, realen Objekt zu abstrahieren. Der Bison an der Höhlenwand stellt einerseits die skizzierte Abstraktion eines konkreten Tieres dar, verbindet diese Darstellung allerdings zugleich mit einem Denken und Wollen, das über das konkrete Tier hinausweist, etwa den Dank für Jagdglück oder das Opfer für den herbeigeführten Tod des Tieres.

Van Goghs *Sonnenblumen* drücken ein Erlebnis des

Malers aus. Sie jedoch tun das dadurch, dass die Blumen in einzelne Farbpunkte aufgelöst werden, die das betrachtende Auge zusammenfügt. Die Farbflächen und Linien bei dem Kubisten Joan Miró sind bereits derart abstrahiert, dass sie dem Betrachtenden mehr Rätsel als Erklärung sind. Schließlich stellen die farbigen Quadrate eines Piet Mondrian Abstraktionen dar, die für die Betrachtung bestenfalls Projektionsflächen bleiben.

Was zeigt uns dieser kurze Blick in die Kunstgeschichte? Im Laufe der Zeit haben sich die Kunstwerke zunehmend von der realen Objekthaftigkeit gelöst, sie werden zu Erlebnisträgern, die beim Betrachten auf die künstlerische Intention ihrer Schöpfer:innen verweisen. Verkürzt kann man sagen: Je mehr Abstraktion, desto mehr künstlerische Freiheit. Im Übrigen lassen sich diese Abstraktionstendenzen auch in anderen Kunstformen, beispielsweise in der Musik, der gestaltenden Plastik oder der Literatur nachweisen.

Wie hat sich diese Tendenz zur Abstraktion auf die Kunst ausgewirkt? Im Grunde lässt sich das auf eine einfache Formel herunterbrechen: Das Kunstwerk tendiert zur unmittelbaren Wirkung. Anders ausgedrückt: Der Kunstschaffende bemüht sich, mit seinem Werk seine künstlerische Absicht möglichst direkt, also ohne ablenkende »Nebenwirkungen« zu transportieren.

Wenn wir dieses unmittelbare schöpferische Wirken des Kunstschaffenden von der Seite des Rezipierenden aus denken, wird aus der unmittelbaren Wirkung ein unmittelbares Erleben. Dieses Erleben wird durch Abstraktion zunehmend vom Werk gelöst und wirkt verstärkt und verstärkend in sich selbst.

Genau an diesem Punkt setzen wir mit unserem kurzen KI-Kunst-Gedankenexperiment ein. Wird das Kunsterlebnis, das sich kunsthistorisch betrachtet ohnehin vom Werk zu lösen beginnt, nunmehr völlig werkunabhängig gedacht, ergibt sich die Möglichkeit, dass KI ein neuronales Abbild dieses Erlebnisses formt und weitergibt. Es wäre also denkbar, dass dieses KI-geschaffene neuronale Gebilde einem Menschen implantiert wird, d. h., dass eine neuronale Struktur in den Menschen eingebaut wird oder vielleicht sogar nur ein neuronaler Impuls gegeben wird, aus dem das Gehirn dann das Erleben berechnet – und das völlig ohne das Kunstwerk, dem es entsprungen ist. Es wäre nur durch KI realisierbar, diesen Rundumschlag zu leisten. Die Vorteile dieser Form des Kunstgenusses liegen auf der Hand: Es bedarf weder eines konkreten Kunstwerks noch einer konkreten Kunsterlebnissituation. Damit könnte KI im Prinzip jedem Menschen auf der Welt ein Betrachtungserlebnis »Mona Lisa« vermitteln, ohne dass die betreffende Person jemals den Pariser Louvre betreten hat oder sonst mit einer Kopie des Werks in Berührung gekommen ist. Das Kunsterlebnis »Mona Lisa« wäre jederzeit überall jedermann verfügbar. Es wäre nicht durch mühsame Anfahrtswege, teure Eintrittsgelder oder Öffnungszeiten des Museums begrenzt. Es bedürfte keiner teuren Restaurationsarbeiten, keiner kostspieligen Sicherheitsvorkehrungen und keines Aufsichtspersonals.

Diese Form hätte Auswirkungen für Kunstschaffende und Kunstrezipierende. Konsequent zu Ende gedacht wäre das auf Seite der Kunstschaffenden die höchste Form der Abstrahierung eines Kunstwerkes und dessen Transfer ins Kunsterlebnis. Auf der Rezipierenden-Seite würde dieses Kunsterlebnis analog zum real existierenden Kunstwerk vermutlich durchaus unterschiedlich aufgenommen werden, auch wenn das neurologische Ausgangsimplantat identisch wäre.

Nebenbei bemerkt verweist diese mögliche Unterschiedlichkeit des Erlebens eines identischen neurologischen KI-Kunstwerkimplantats wieder auf Kants Postulat der Freiheit in der Kunst – allerdings diesmal auf Rezipierenden-Seite. Kant spricht in seiner ästhetischen Schrift diese Freiheit an. Er spricht in dem Zusammenhang von »ästhetischen Geschmacksurteilen«, die genauso klar und eindeutig seien, wie es auch Urteile über mathematische Formeln oder logische Gegebenheiten sind.

Welche Auswirkungen hätte dieses neue KI-Kunsterlebnis auf den Kunstbetrieb insgesamt? Würden Kunstwerke durch neurologische Kunsterlebnisse ersetzt, entfiele das Zustandekommen sichtbarer Kunst – die Kunst verabschiedete sich aus unserer gegenständlichen Welt in die Welt von KI und Neuronen. Öffentliche und private Kunstwerke, Sammlungen, Museen, Konzerte und Lesungen wären genauso obsolet wie Klavier, Pinsel oder Schreibfeder. Kunst, in der gegenständlich konkreten Form, wie wir sie heute kennen, wäre nicht mehr zwangsläufig erforderlich.

Das wäre einerseits bedauerlich, wenn dadurch in Jahrtausenden geschaffene Kunstwerke in ihrer konkreten, gegenständlichen Form verschwinden würden, würde andererseits jedoch ein ubiquitäres und egalitäres Kunsterlebnis in bislang kaum vorstellbarem Umfang ermöglichen: Es wäre tatsächlich die Kunst für alle und überall.

Das könnte so passieren. Muss es aber nicht. Genauso denkbar wäre auch, dass das menschliche Bedürfnis nach Kunsterleben von dieser virtuellen Form der Kunst nur bedingt erfüllt werden kann. Denn der Mensch hat seit jeher ein Bedürfnis nach etwas von einem anderen Menschen Geschaffenem. Nach einem Werk durch Freiheit. Mit der zunehmenden Digitalisierung wächst der Drang nach Analogem, Handfestem, Realem – nach dem Gegenstand. Nicht erst die Corona-Pandemie und deren Auswirkungen haben gezeigt, dass das Analoge nicht komplett durch das Digitale ersetzt werden kann. Von daher ist es gut möglich, dass trotz wachsender technischer Möglichkeiten analoge Bereiche von Kunst und Kultur weiterhin ihre Berechtigung beibehalten werden.

11 KI, Kunst und Kitsch – Was dürfen wir hoffen?

Hoffen dürfen wir, dass sich der Traum der Aufklärer:innen und Enzyklopädist:innen im Sinne der Égalité der Französischen Revolution durch KI zumindest in der Kunst verwirklichen lässt: Der Zugang zur Kunst wird barrierefreier, inklusiver und ubiquitärer. In der Historie der Menschheit haben noch nie so viele Menschen Kunstwerke aus Musik, Bildender Kunst, Literatur und Schauspiel in den eigenen vier Wänden genießen können wie heute. Und mit KI werden das noch viel mehr. Warum?

Ich muss nicht in den Louvre fahren, um die *Mona Lisa* zu sehen, ich muss nicht die Bayreuther Festspiele besuchen, um die *Götterdämmerung* zu erleben, ich muss nicht nach London fliegen, um Banksys *Falling Shopper* zu bewundern. KI wird uns helfen, Kunstwerke digital, jederzeit und überall abzurufen. Das ist praktisch. Denn etwa Menschen mit Behinderung oder kleinem Geldbeutel können ebenso an der Kunst partizipieren, wie privilegiertere. Im Idealfall können auch Sehbehinderte sich durch KI die *Mona Lisa* so beschreiben lassen, dass das Erlebnis dem Sehender nahe kommt. Im Idealfall können Kinder mit niedrigem sozioökonomischem Status mittels KI an Kunstformen teilnehmen, die ihnen sonst verwehrt geblieben wären.

Ebenfalls egalitärer wäre der Zugang zu Kunst, den KI jenen Kunstschaffenden ermöglicht, die heute vor allem wegen fehlender materieller Mittel, mangelndem praktischem Vermögen, körperlicher Einschränkungen oder fehlender sozial-methodischer Voraussetzungen keinen Zugang gehabt hätten. Noch vor wenigen Jahren hat das Produzieren von Musik ein unerschwingliches Tonstudio mit qualifizierten Techniker:innen und teurem Equipment erfordert. Jetzt geht das mit Laptop, kostenloser Software, billigem Mikro und kostenloser Veröffentlichung auf Streamingplattformen einfach und ohne großen finanziellen Aufwand – die Stars aus dem Kinderzimmer. Dürer hat jahrelang geübt, um seine berühmten Hasen aufs Papier zu bringen. Viele, die nach ihm ebenfalls lange geübt haben, sind trotzdem daran gescheitert, ihre Hasen haben eher Wolpertingern geglichen. Heute kann jede:r durch wenige Prompts und ohne jegliche malerische Vorbildung Hasen in jeder denkbaren Form und Farbe durch KI zeichnen lassen. Bis vor wenigen Jahren waren viele Menschen mit körperlicher Behinderung vom Kunstschaffen systematisch ausgeschlossen. Heute öffnet ihnen KI etwa durch Sprachsteuerung die Möglichkeit, sich künstlerisch auszuleben. Kunst ist heute auch aus einem anderen Grund elitär: Wer nicht durch Elternhaus, Ausbildung oder persönliches Mentorship Zugang zur Welt der Kunst erhält, dem bleibt diese Tür verschlossen. Vielleicht wird das durch KI besser. Im Idealfall kann KI dazu beitragen, dass mehr Menschen Künstler:innen werden.

Doch dieser Idealfall wird vermutlich selten Realität werden. Was eher Realität werden könnte, ist die Zunahme von durch KI produziertem Kitsch. Es steht zu befürchten, dass die Leute durch von KI – kommerziell – produziertem Kitsch dermaßen überschüttet werden, dass wirkliche Kunst im Kitsch versinkt. Es werden nicht mehr Menschen zu Künstler:innen, sondern mehr zu Kitschler:innen. Man könnte diese Prognose als kulturpessimistisch und zu schwarzmalend abtun. Allerdings gilt Murphy's First Law vermutlich auch hier: »Anything that can go wrong will go wrong.«

Wollen wir als Gesellschaft diese Entwicklung abwenden, müssen wir handeln. Doch wie? Um es – wieder mit Kant – zu sagen: *Sapere aude!* Also der Leitsatz der Aufklärung, den Kant mit »Habe Mut, dich deines eigenen Verstandes zu bedienen!« übersetzt. Wir müssen auf die möglichen Konsequenzen hinweisen, die die Verwendung von KI im Bereich der Kunst nach sich ziehen kann. Und: Wir müssen als Gesellschaft eine Vorstellung dafür entwickeln, wie KI in diesem Bereich gewinnbringend und sozialintegrativ einzusetzen wäre. Das klingt nach einem durchaus anspruchsvollen Vorhaben – und das ist es wohl auch. Aber mit viel gutem Willen und aufgeklärtem Verstand sollten wir in der Lage sein, die Rolle, die KI künftig im Bereich der Kunst spielen soll, wünschenswert festzulegen. Leider dürfte auch hier Murphy gelten, genauer: sein Second Law: »Nothing is as easy as it looks.«

Diese Verantwortung verteilt sich auf viele Schultern. Zunächst einmal logischerweise auf die der Kunstschaffenden selbst. Sie müssen darauf achten, KI zwar schöpferisch einzubinden, sie als künstlerisches Mittel zu verwenden, ihr aber nicht die gestalterische Oberhand zu überlassen. Sonst entsteht Kitsch. Die Kunstrezipierenden, also Du und ich, sind im Gegenzug gehalten, den Wert von Kunst – ob mit oder ohne KI hervorgebracht – zu respektieren, ihm keinen Kitsch vorzuziehen und ihm mit aufgeklärtem Verständnis entgegenzutreten. Der gesamten Zivilgesellschaft sollte es Anliegen sein, die sozialen, kulturellen und ökonomischen Voraussetzungen zu garantieren, die das Entstehen von Kunst erfordert. Und schließlich obliegt es der Politik, jene rechtlichen Rahmenbedingungen zu gestalten, die den Fortbestand künstlerischen Schaffens auch im KI-Zeitalter sicherstellen.

Wie das im Einzelnen umgesetzt werden kann, sollte in einem aufgeklärten sozialen Diskurs herausgearbeitet werden. Grundsätzlich steht die rechtliche Einbettung von KI im Bereich der Kunst im Spannungsfeld zwischen Privatwirtschaft und Staat. Werden KI-Kunst, KI-Kitsch und die Auswirkungen von KI auf den Kunstmarkt insgesamt den kapitalistisch getriebenen Privatunternehmen überlassen, geht die Schere in der Kunstwelt weiter auseinander: Einer kleinen zahlungskräftigen Elite mit Verständnis und Zugang zu Kunst steht eine kunstlose Masse gegenüber, die mit Kitsch abgespeist wird. Was könnte man dagegen tun?

Wir können hier keine selig machenden Allheilmittel aus dem Ärmel schütteln. Aber vielleicht können diese fünf Forderungen eine erste Diskussionsgrundlage bieten:

1) KI-Kunst in öffentlich-rechtliche Hand!

Vielleicht liegt eine mögliche Lösung in einem Format, das heute bereits im öffentlich-rechtlichen Rundfunk in Deutschland existiert: Der Zugang zu Kunstwerk, Kunstwelt und

Kunstschaffen wird auch der breiten Masse unentgeltlich geboten und über eine allgemeine Gebühr finanziert. Das Ziel dabei: nicht gewinnorientiert im gegebenen Bildungsauftrag einerseits über KI in der Kunst aufzuklären und andererseits KI-Kunst dem Erleben zugänglich zu machen.

2) KI-Quoten für die Kunstwelt!

Damit KI-Kitsch nicht wie Unkraut die Kunstwelt zuwuchert, sollte durch eine »KI-Quote« ein Anteil ausgewiesen und finanziert werden, der ausschließlich KI-Kunst vorbehalten bleibt. Damit erhalten Kunstschaffende, die mit dem Medium KI arbeiten, eine Chance, wahrgenommen zu werden. Zugleich bleibt Rezipierenden ein Bereich der KI-Kunst erhalten, der sonst im KI-Kitsch untergehen würde.

3) Her mit dem KI-Disclaimer!

Durch die KI-Quote schleicht sich, quasi durch die Hintertür, der KI-Disclaimer ein. Eine KI-Quote erfordert logisch zwingend, dass gekennzeichnet wird, wo KI drinnen steckt und wo nicht. Das hat praktische Nebeneffekte. Jede:m Rezipierenden ist auf den ersten Blick klar, dass bei dem entsprechenden Werk mit KI gearbeitet wurde. Das führt zu Bewusstsein, Transparenz und Aufklärung. Außerdem könnte sich dieser KI-Disclaimer im Laufe der Zeit zu einem Qualitätsmerkmal entwickeln, weil er menschliche Schöpfungskraft somit *ex negativo* (positiv) hervorhebt.

4) KI in den Kunstunterricht!

KI wird immer mehr im (Schul-)Unterricht eingesetzt. Das eröffnet KI-Kunst große Möglichkeiten, da sie die Schüler:innen niedrigschwellig mit Kunst, also Kunstwerken, Kunstmethoden, Künstler:innen und Kunstwelt, in Kontakt bringt. Damit können bereits in der Schule die intellektuellen und kulturellen Voraussetzungen dafür geschaffen werden, möglichst vielen jungen Menschen einen Zugang zur Kunst zu ermöglichen. Die Kunstwelt würde viel von ihrem elitär-exkludierenden Charakter verlieren: KI ermöglicht Kunst für alle – wenn wir sie dazu verwenden.

5) KI-Kommunismus statt KI-Kapitalismus!

Ohne eine rechtliche Einzäunung droht KI die Welt der Kunst mit Kitsch zu erdrücken. Das liegt im Wesen des Kapitalismus. Doch KI, Kunst und KI-Kunst sollten für alle Menschen da sein. Wir brauchen einen KI-Kommunismus, keinen KI-Kapitalismus. Den können nur politische Vorgaben und demokratische Kunstgesetze garantieren. Ohne diesen Eingriff des demokratischen Staates und in Privathand belassen könnte KI zum Totengräber der diversen Kunstwelt werden. Es bleibt daher Aufgabe der demokratischen Volksvertreter:innen, dafür zu sorgen, dass die Bevölkerung einen Anspruch auf den Zugang zu Kunst und zum Kunstschaffen behält.

Ausblick: KI-Kunst im 21. Jahrhundert – Was sollen wir tun?

Eingefleischte Kantianer:innen werden es längst bemerkt haben, dass wir uns beim Aufbau dieses Essays von den berühmten kantischen Fragen haben leiten lassen und nunmehr bei der Frage angelangt sind »Was sollen wir tun?«

Im Grunde haben wir diese Frage mit den fünf Forderungen bereits beantwortet. Mit einem Wort umschrieben, lautet die zentrale Aufgabe für unseren Umgang mit KI in der Kunst: Aufklärung! KI darf weder dämonisiert noch apotheisiert werden. KI bleibt ein hilfreiches Werkzeug, das den Kunstschaffenden neue Möglichkeitsräume erschließt und den Kunstrezipierenden einen barrierefreien, nicht egalitären Zugang zur Kunst ermöglicht.

Als Mittel in der Welt der Kunst und als Weg zur Kunst darf KI nicht dazu missbraucht werden, durch die Hervorbringung kommerziellen Kitsches die Kunst im Würgegriff des Kapitals langsam zu ersticken. Um einen etwas angestaubten politischen Aufruf wiederzubeleben: »Völker, hört die Signale! Auf zum globalen Gefecht! KI-Kunst, internationale, ist ein Menschenrecht.«